Spaß mit Lernspielen

Bastel-, Spiel- und Aktionsideen
für Kinder ab 3 Jahren

Spaß mit Lernspielen

Basteln und spielen –
und dabei noch lernen.
Das macht allen Kindern Spaß.
Zu Hause, im Kindergarten,
in der Schule.
Ein gutes Anleitungsbuch
gehört dazu.

Seit mehr als 30 Jahren
steht Christophorus für
praxisbezogene Literatur
zur kreativen Freizeit.
Genauso wie dieser Band
ist jeder Titel aus dem
Christophorus-Verlag
mit viel Sorgfalt
erarbeitet. Das erklärt,
warum unsere Bücher
jährlich so vielen
zufriedenen Lesern
so viel Spaß bringen.

Spaß mit Lernspielen

Bastel-, Spiel- und Aktionsideen für Kinder ab 3 Jahren

Cornelia Benz, Irene Fackler, Ingrid Moras, Ursula Ritter, Andrea Seifert

Christophorus

Inhalt

Zu diesem Buch

Spielen und lernen

Kinder spielen gern – und sie lernen gern. Im Spiel erobern sie sich die Welt und erproben Handlungsmuster, die ihnen helfen, sich in der Wirklichkeit zurechtzufinden. Was sie dabei lernen, kann für ihr ganzes Leben wichtig sein.
Sie spielen, weil sie lernen möchten. Das gibt dem Spiel einen tieferen Sinn. Und sie lernen leichter und lieber, wenn dies spielerisch geht.
Deshalb sollte beides – Spielen und Lernen – bei der Erziehung in der Familie, im Kindergarten, in der Vorschule und bis in die Grundschule hinein einen hohen Stellenwert einnehmen und eng miteinander verbunden sein.
Auf der Erfahrung, daß Kinder besonders gern und gut im Spiel lernen, baut dieses Buch auf: Es bietet zahlreiche Spiele, die sich direkt an Lernzielen orientieren und den Kindern ganz nebenbei wichtige Lerninhalte vermitteln.

Lernbereiche

Dieses Buch enthält sechs Kapitel, und jedes Kapitel widmet sich einem Lernbereich. Ausgewählt wurden Bereiche, die für drei- bis achtjährige Kinder als grundlegend anerkannt sind:

- „Von Kopf bis Fuß“ – Gesundheitserziehung,
- „Eins, zwei, viele“ – Umgang mit Mengen und Zahlen,
- „Ich und du, ihr und wir“ – Sozialerziehung,
- „Erzähl mir was“ – Spracherziehung,
- „Schau links, schau rechts“ – Verkehrserziehung,
- „Himmel und Erde“ – Umwelt- und Naturbegegnung.

Je nach Alter, Wissen, Interesse und Reife der kleinen Persönlichkeit wird man gezielt einzelne Spiele herausgreifen oder ganze Kapitel mit den Kindern „erspielen“. Die Kapitel beginnen jeweils mit besonders einfachen Spielen, komplexere schließen sich an. Dabei wurde darauf geachtet, daß immer eine möglichst große Bandbreite an wesentlichen Inhalten abgedeckt ist.

Lernspiele und Lernspielsachen

Erfahrene Autorinnen, die sich mit Kindern und Pädagogik, mit Spielen und Lernen auskennen, haben die Spielideen entwickelt und die entsprechenden Spielsachen dazu entworfen.
Mit geringem finanziellem sowie zeitlichem Aufwand können die Spielsachen alle selbst hergestellt werden – und zwar gemeinsam mit den Kindern. Dies macht Spaß und verleiht dem Spielzeug einen besonderen ideellen Wert. Außerdem fördert es den Sinn für Ästhetik, für Farben, Formen und Materialien.
Zu den Spielsachen gibt es meistens mehrere Spielvorschläge. Sie gehören dem Umwelt- und Erlebnisbereich der Kinder an. Enthalten sind Regelspiele, gelenkte freie Spiele und Anregungen für spontane Spiele. Die Abläufe sind so einfach, daß die Kinder sie nach einem gemeinsamen Durchgang, bei dem ein Erwachsener dabei ist, meist alleine beherrschen. Nur wenige Spiele verlangen einen Erwachsenen oder ein älteres Kind als Spielleiter.
Oft ist es übrigens besonders reizvoll,

wenn Kinder unterschiedlichen Alters an einem Spiel beteiligt sind.
Damit dieses Buch für kleine und große Familien, für kleine und große Gruppen von Reiz ist, sind die Spielideen reich an Varianten. Die Vorschläge mögen aber auch dazu anregen, weitere zu entwickeln. So werden Sie bald auf eine Fundgrube an Ideen zurückgreifen können.

Aktionen und Feste

Als Höhepunkt und Abschluß steht am Ende der Kapitel jeweils eine gemeinsame Aktion: ein „gesunder Tag", ein Zahlen- und ein Spielefest, ein Radiowettbewerb, ein Verkehrstag und eine Rallye in der Natur.
Für die Kinder ist solch eine Aktion natürlich ein besonderes Erlebnis. Nicht nur weil sie Feste mögen. „Ganz spielerisch" können sie hier auch zeigen, was sie gelernt haben. Und mit Recht dürfen sie darauf stolz sein.
Für die Erwachsenen kann jede dieser Aktionen ein Mittel zwangloser Lernzielkontrolle sein.
Unabhängig davon bieten sich die Aktionen für Kinderfeste an.
Eine Liste für die Vorbereitungen, die zu treffen sind, und eine klar gegliederte Ablaufstruktur helfen bei der Planung und Durchführung.
Gerne sind die Kinder bereit, an der Vorbereitung „ihres Festes" mitzuwirken. Das gemeinsame, zielgerichtete Tun macht ihnen Freude, und die Erwartung wird ihr Herz höher schlagen lassen. Stärker noch als die Einzelspiele fördern die Aktionen und deren gemeinsame Vorbereitung auch die soziale Entwicklung der Kinder.

Und nun viel Spaß und Erfolg ...

Auch wenn es bei den Spielen und Aktionen dieses Buches ums Lernen geht, ist es wichtig, auf eine entspannte Atmosphäre Wert zu legen. Die Kinder sollen freiwillig und gerne mitmachen. Regeln kann man jederzeit ändern, Spiele unterbrechen und neu beginnen. Man braucht sich nur darüber zu verständigen. Dann haben alle Spaß an der Sache. Dann ist der Erfolg garantiert.

Gleich geht's los

Die Spielsachen für die hier vorgestellten Lernspiele können, wie gesagt, alle selbstgemacht werden. Deshalb zunächst noch einige Informationen über die Materialien, aus denen sie gebastelt werden, sowie über Techniken, die das Basteln erleichtern und zu schönen Ergebnissen führen.

Das Material zum Basteln

Viele Spielsachen werden aus Papier, Karton oder Pappe angefertigt. Auch „Abfälle" wie Papprollen, Schachteln, Papiertüten können verwendet werden.
Transparentpapier und Kreppapier sind dünne, durchgefärbte Papiere in kräftigen Farben. Transparentpapier ist vergleichsweise fest, Kreppapier sehr weich und flexibel und leicht zu knüllen.
Tonpapier gibt es in zahlreichen Farben und verschiedenen Stärken. Es ist biegsam, gut zu falten und zu kleben. Kräftiger und deshalb besonders für größere oder tragende Teile geeignet sind Tonkarton und Fotokarton. Sie sind genauso wie Tonpapier durchgefärbt. Noch kräftiger ist einseitig gefärbter Plakatkarton.
Wellpappe kann fein-, mittel- und grobwellig sein, eine glatte oder zwei gewellte Seiten haben. Feinwellige Wellappe (Mikrowellpappe) mit einer glatten Seite hat den Vorteil, daß sie relativ druckfest ist.
Seit einiger Zeit gibt es im Handel Reborn-Karton. Er besteht aus Altpapier und wird in mehreren Farben angeboten. Der normale Reborn-Karton ist etwas stärker als Fotokarton. Größere Stärken sind zum Basteln weniger geeignet.

Ein anderes Material, das hier mehrfach vorkommt, ist Moosgummi. Es wird in Platten unterschiedlicher Größe, Stärke und Farbe angeboten. Es ist biegsam, formbeständig und leicht mit der Schere zu schneiden. Weitere Vorteile: Moosgummi ist farbecht und wasserfest. Somit ist dieses Material für viele Spielsachen sehr praktisch.
Daneben werden für einige Spiele Naturmaterialien verwendet, zum Beispiel Steine, Blätter, Kork.
Andere Materialien wie Filz, Wolle, Fellreste, Plüschdraht (Pfeifenputzer) finden sich im Haushalt oder sind preiswert im Handel erhältlich.

Die Vorlagen

Wer die Objekte ganz genau nacharbeiten möchte, kann die einzelnen Elemente vom Vorlagenteil (Seite 108 bis 125) übernehmen. Sie sind dort in Originalgröße wiedergegeben.
Um eine Vorlage auf Papier, Karton oder Moosgummi zu übertragen, wird das Motiv zunächst mit Bleistift auf Transparentzeichenpapier (kein farbiges Transparentpapier) durchgepaust. Damit dieses nicht

verrutscht, eventuell mit Kreppband, das sich von Papier problemlos abziehen läßt, fixieren.
Nun gibt es verschiedene Möglichkeiten weiterzuarbeiten:

- Entweder die Pause auf dem gewählten Papier oder Karton leicht befestigen. Graphitpapier mit der beschichteten Seite nach unten zwischen die beiden Lagen schieben und das Motiv nachzeichnen.
- Wer kein Graphitpapier zur Hand hat, kann die gezeichneten Linien auf der Rückseite des Transparentpapiers mit einem weichen Bleistift schwärzen. Das Transparentpapier dann mit der Rückseite nach unten auf dem jeweiligen Karton oder Papier fixieren und das Motiv mit einem harten Bleistift nachziehen.
- Bei Karton genügt es oft auch, wenn man das Transparentpapier einfach auflegt und die Formen des Motivs mit einem Stift durchdrückt.
- Beim Basteln mit Moosgummi wird das Motiv vom Transparentpapier auf Zeichenkarton übertragen und ausgeschnitten. Diese Schablone kann dann auf die Moosgummiplatte gelegt und mit einem Bleistift umrissen werden.

Auch wenn Motive mehrfach verwendet werden (zum Beispiel beim Basteln in einer Gruppe), empfiehlt es sich, Schablonen aus festem Karton auszuschneiden. Bewahren Sie diese auf, sie lassen sich immer wieder verwenden.

Falzen und falten

- Wer Wert auf besonders saubere Bruchkanten legt, kann Karton vor dem Falten auf der Außenseite anritzen. Dazu ein Metallineal oder eine Schiene an der gewünschten Falzlinie anlegen und diese mit einem Messer oder einem Cutter (Schneidemesser) leicht einschneiden. (Diese Arbeit sollte jedoch nicht von Kindern ausgeführt werden.) Den Karton dann über eine Tischkante falten.
- Nicht ganz so „perfekt", allerdings bei Tonpapier sehr gut geeignet, ist folgendes Vorgehen: Ein Lineal an der geplanten Bruchkante anlegen und den Bruch mit einem Falzbein (ebenso stumpfe Stricknadel, Schere mit geschlossener Spitze oder ähnliches) vorfalzen.
- Karton und Papier lassen sich aber auch an einer Tischkante. einer Schiene, einem Lineal entlang falten.
- Tonpapier eventuell einfach nur umschlagen und den Bruch mit einem Bleistift oder Lineal glätten.

Ausschneiden

Zum Ausschneiden der Motivteile bieten sich verschiedene Scheren an:

- Kinder schneiden am besten mit einer Bastelschere, die vorne abgerundet ist.
- Für größere, gerade Teile kann man eine Papierschere nehmen.
- Bei Innenausschnitten und Kurven ist eine kleine, spitz zulaufende Silhouettenschere praktisch. (Nicht für kleinere Kinder geeignet.)
- Erwachsene können für Feinheiten auch einen Cutter verwenden. Als Unterlage dient Graupappe. Den Cutter flach ansetzen. Bei Kurvenschnitten den Karton mit der freien Hand drehen, während die andere schneidet.

Von Kopf bis Fuß

Hier dreht sich alles um Gesundheitserziehung. Spielerisch erfahren die Kinder Wissenswertes über die Milchzähne und deren Pflege, über richtige Kleidung, gesunde Ernährung, Fußgymnastik und gute Haltung. Dabei lernen sie Zusammenhänge zwischen Lebensweise und Wohlbefinden kennen. Und sie begreifen, daß jeder etwas für seine Gesundheit tun kann. Tag für Tag. Und daß dies sogar Spaß macht.

Die Milchzähne

ZIEL DES SPIELES

Die Kinder lernen bei einem lustigen Würfelspiel den Aufbau ihres Milchgebisses kennen. Sie sehen, daß sie unterschiedliche Zähne mit verschiedenen Funktionen besitzen.
Vor Spielbeginn wird mit den Kindern ein Gespräch über den Aufbau des Milchgebisses und seine Pflege geführt. Dabei erfahren sie, daß ein Milchgebiß aus acht Schneidezähnen, vier Eckzähnen und acht Backenzähnen, also aus insgesamt zwanzig Zähnen besteht.

MITSPIELER

pro Spielfeld 1 bis 4 Kinder ab 3 Jahren (beim ersten Spiel sollte ein Erwachsener anwesend sein)

SPIELMATERIAL

Spielfelder und 1 Würfel mit Symbolen s.u.

Spielvorschlag

Alle Zähne liegen umgeklappt auf den Spielfeldern. Die Kinder würfeln der Reihe nach. Je nach dem gewürfelten Symbol dürfen sie auf ihrem Spielfeld die folgenden Spielzüge ausführen:

- Schneidezahn/Eckzahn/Backenzahn: Einen entsprechenden Zahn aufstellen.
- Zahnbürste: Einen Zahn nach Wahl aufstellen.
- Durchgestrichene Zahnbürste: 1x aussetzen.
- Bonbon: Einen Zahn wieder umlegen.

Gewinner ist, wer als erster alle Zähne aufgestellt hat.

Und so wird's gemacht

BASTELMATERIAL

Fotokarton in Rosa; Tonpapier in Rot und Weiß; Filzstift in Schwarz, Blau und Rot; Klebstoff; Schere

VORLAGEN

Siehe Seite 108: Gebiß 1a – 1d; Würfel 2

BASTELANLEITUNG

Die Motive aus Tonpapier ausschneiden.
Den Mund mit rosa Fotokarton (A4) hinterkleben.
Die Zähne mit Gesichtern bemalen, an den gestrichelten Linien umknicken und hinter den Lippen aufkleben.
Die Würfelvorlage mit den sechs Symbolen auf weißes Tonpapier übertragen, ausschneiden, anmalen, an den gestrichelten Linien umknicken und hinter den Lippen aufkleben.

Zahnparcours

ZIEL DER SPIELE

Hier lernen die Kinder spielerisch die wichtigsten Regeln der Zahnpflege. Vor dem Spiel werden den Kindern diese Regeln vermittelt.

MITSPIELER

2 bis 6 Kinder ab 3 Jahren

SPIELMATERIAL

Spielfeld und Zähne als Spielfiguren s.u.; Würfel

Spielvorschlag

Die Kinder stellen ihre Spielfiguren auf das Startfeld (Mund) und würfeln dann der Reihe nach. Die Symbole der Ereignisfelder haben folgende Bedeutung:

- Weißer Zahn: Du warst zur Kontrolle beim Zahnarzt – alles in Ordnung. Nimm die Abkürzung über das gelbe Feld.

- Bonbon: Du hast Bonbons genascht und anschließend die Zähne nicht geputzt. Geh zwei Felder zurück.

- Zahnbecher mit sauberer Zahnbürste: Du hast nach dem Frühstück deine Zähne geputzt. Du darfst drei Felder vor.

- Apfel: Du hast einen Apfel für die Pause dabei. Rücke zwei Felder vor.

- Grauer Zahn: Du hast am Abend deine Zähne nicht geputzt. Du mußt drei Felder zurück und einmal aussetzen.

- Zahnbecher mit alter Zahnbürste: Deine Zahnbürste ist schmutzig und alt. Einmal aussetzen.

Wer als erster mit seinen Spielfiguren das Ziel (Mund) erreicht, hat gewonnen.

Und so wird's gemacht

BASTELMATERIAL

Fotokarton von 32 x 45 cm; Tonpapier in Schwarz, Rot, Grün, Blau, Lila und Orange; Regenbogenpapier; Klebstoff; Filzstift; Schere

VORLAGEN

Siehe Seite 108: Spielfeld 3a – 3f; Spielfigur 4a – 4b

BASTELANLEITUNG

Aus schwarzem Tonpapier 51 Quadrate von 2 x 2 cm ausschneiden und damit auf dem Spielfeld einen Weg legen. Die verschiedenen Symbole auf Regenbogenpapier übertragen, ausschneiden und in den Parcours einfügen.
Erst dann die einzelnen Teile auf das Spielfeld kleben.
Richtungspfeile mit Filzstift einzeichnen.
Die Zähne für die Spielfiguren doppelt auf Tonpapier übertragen und ausschneiden.
Nur die Zähne zusammenkleben; die Halbkreise nach außen knicken (gestrichelte Linie).
Von unten je einen Kreis gegen den Standfuß kleben.

Wir kaufen ein

ZIEL DER SPIELE

Den Kindern soll vermittelt werden, daß es gesunde und weniger gesunde Nahrungsmittel gibt. Das Spiel will die „schlechten“ Lebensmittel nicht verdammen, sondern zum Nachdenken anregen.
Vor dem Spiel spricht man mit den Kindern ausführlich über gesunde Ernährung. Dabei wird erklärt, welche Nahrungsmittel besonders gut für den kindlichen Organismus sind.
Kinder brauchen viele Nährstoffe, da sich ihr Körper noch im Wachstum befindet. Vitamine und Mineralien aus Milch- und Getreideprodukten, Obst und Gemüse sind lebenswichtige Nährstofflieferanten.
Kinder benötigen unter anderem für den Aufbau der Muskeln und die Versorgung des Gehirns viel Eiweiß, das in Milch und Milchprodukten, Fisch, Fleisch, Getreide oder Hülsenfrüchten enthalten ist.
Da Kinder einen hohen Bewegungsdrang verspüren, muß Energie für Muskeln und Gehirn auch kurzfristig in hohem Maß zugeführt werden können. Kohlenhydrate, enthalten in Getreide, Hülsenfrüchten, Kartoffeln, Obst und Gemüse, sind hier unentbehrlich. Auch Fett ist ein weiterer hoher Energieträger. Es sollte in Maßen zu sich genommen werden.
Süßigkeiten zu verbieten ist im Alltag sicher schwer durchführbar. Doch kann der Verzehr kontrolliert werden.

MITSPIELER

2 bis 6 Kinder ab 3 Jahren

SPIELMATERIAL

Nahrungsmittelkärtchen und Einkaufskörbe s.u.; evtl. pro Spieler 1 Spielfigur; evtl. Würfel; evtl. 4 Spielfelder s.u. (4. Spielvorschlag)

Spielvorschläge

1. Die Nahrungsmittelkärtchen werden verdeckt in Sechserreihen aufgelegt.
Jedes Kind erhält ein Einkaufskörbchen und eine Spielfigur, die es auf ein Kärtchen seiner Wahl stellt.
Nun wird reihum gewürfelt.
Der erste geht mit seiner Spielfigur in beliebiger Richtung (gerade oder schräg) über so viele Kärtchen, wie der Würfel Punkte zeigt. Das letzte Kärtchen wird umgedreht. Zeigt es ein gesundes Lebensmittel, legt das Kind es in sein Körbchen. Ungesunde Lebensmittel werden wieder umgedreht und liegengelassen.
Wer hat zuerst fünf gesunde Lebensmittel?

2. Das Spiel läßt sich vereinfachen, indem man auf Spielfiguren und Würfel verzichtet. Bei dieser Spielform dürfen die Kinder sich jeweils das Kärtchen, das sie umdrehen wollen, frei auswählen. Ungesunde Lebensmittelkärtchen werden aufgedeckt liegengelassen (oder wie zuvor umgedreht).

3. Die Kärtchen liegen verdeckt in Sechserreihen untereinander. Reihum dreht jeder Mitspieler zwei Karten um. Zeigen die Karten Lebensmittel gleicher Art (jeweils Obst bzw. Gemüse, Süßigkeiten, Milchprodukte ...), so darf man sie aufnehmen. Andernfalls werden die Karten wieder umgedreht. (Das Spiel ist einfacher, wenn nur eine Karte umgedreht wird und die andere offen liegen bleibt.)
Wer die meisten Kartenpaare findet, hat gewonnen.
Variante: Für ein Gedächtnisspiel eventuell auch alle Motive doppelt arbeiteten.

4. Für ein Lottospiel, bei dem vier Kinder mitmachen können, benötigt man außer den Nahrungsmittelkärtchen vier Spielfelder aus weißem Karton (18 x 18 cm). Darauf sind neun Felder (6 x 6 cm) mit den Motiven der Kärtchen gezeichnet.
Die Mitspieler erhalten jeweils ein Feld. Die Kärtchen liegen umgedreht und geordnet in der Mitte.
Der Reihe nach deckt jeder eine Karte auf und benennt das Motiv. Paßt es zu dem jeweiligen Feld, darf der Spieler die Karte darauf ablegen. Wird das Motiv falsch benannt oder paßt die Karte nicht, geht diese zurück.

Und so wird's gemacht

BASTELMATERIAL

Fotokarton in Lila; Regenbogen- und Glanzpapier in verschiedenen Farben; Tonpapier in verschiedenen Farben; Klebstoff; Filzstifte; Schere

VORLAGEN

Siehe Seite 108: Korb 5; Motive 6 – 41

BASTELANLEITUNG

Die Einkaufskörbchen auf Tonpapier übertragen und ausschneiden. Wie eingezeichnet, einschneiden bzw. knicken; Seitenteile aufstellen und zusammenkleben.
Für den Henkel einen 15 x 2,5 cm langen Streifen schneiden und ankleben.

36 Kärtchen von 6 x 6 cm aus Fotokarton ausschneiden.
Die verschiedenen Nahrungsmittel auf Regenbogen- oder Glanzpapier übertragen, ausschneiden und auf die Kärtchen kleben.

Kleine Artisten

ZIEL DER SPIELE

Beim Spiel mit kleinen Clowns, mit bunten Röhren und Rollen geht es einerseits darum, die Muskulatur der Füße zu kräftigen sowie deren Geschicklichkeit, Tastsinn und Wahrnehmumg zu fördern. Andererseits lernen die Kinder bei den Spielen, bewußt auf eine gute, aufrechte Körperhaltung zu achten. Die Themen werden in einem einführenden Gespräch vertieft:

- Unsere Füße müssen den ganzen Körper tragen. Eine Schwäche oder Fehlbelastung setzt sich auch im ganzen Körper fort. Deshalb sollten wir auf regelmäßige Pflege (Zehennägel schneiden …), gutsitzende Schuhe und gezielte Gymnastik Wert legen.
- Der Körper soll im Gleichgewicht sein. Darum ist es wichtig, auf eine gute Haltung zu achten und den Körper nicht einseitig, sondern möglichst gleichmäßig zu belasten. Beides kann, unterstützt durch Übungen, selbstverständlich werden.

MITSPIELER

Gruppen oder einzelne Kinder ab 3 Jahren; 1 Erwachsener

SPIELMATERIAL

mit unterschiedlichen Materialien beklebte Röhren s.u.; Murmeln oder Steinchen, Papierkugeln oder -schnipsel, Schnüre …

Spielvorschläge

Die Mitspieler sitzen auf Stühlen oder auf dem Boden. Wenn es mehrere sind, sitzen sie im Kreis. Schuhe und Strümpfe sind ausgezogen. Jeder hat eine Rolle vor sich. Der Spielleiter beschreibt und führt vor, was mit den Rollen getan werden soll. (Die Übungen können zehn bis zwanzig Minuten dauern.)

1. Fußübungen für einzelne oder mehrere Kinder:

- Rolle vor- und zurückrollen; nach rechts und nach links rollen.
- Mit beiden Füßen abwechselnd aufstellen und umlegen.
- Umlegen und Murmeln hindurchrollen.
- Aufstellen und Papierkugeln oder -schnipsel, Murmeln oder Steinchen einfüllen.
- Kordel durchziehen, an beiden Enden mit den Füßen fassen und die Rolle damit vor- und zurückbewegen.
- Mit beiden Füßen von außen fassen und hochheben. Sind die Rollen gefüllt, kann man jetzt damit rasseln.

2. Fußübungen für Partner oder Gruppen:

- Rolle auf den großen Zeh stecken (oder mit beiden Füßen fassen) und an den Nachbarn weitergeben. Mit der neuen Rolle spielen: Wie fühlt sich diese an?
- Einander zurollen.
- Zu zweit eine Rolle aufstellen und eine zweite quer darauflegen.
- Im Abstand von 2 bis 3 m neben den Rollen im Kreis aufstellen. Von einer Rolle zur anderen gehen: auf Zehenspitzen, auf den Fersen, auf der Fußinnen- oder -außenseite, auf einem oder beiden Beinen hüpfend …
  Bei jeder Rolle eine Aufgabe erfüllen: Rolle auf den Kopf stellen, Steinchen hineinwerfen o.ä.

3. Haltungsübungen für einzelne oder mehrere Kinder:

- Rolle im Stehen und Sitzen auf dem Kopf balancieren. Dies macht eine gute, aufrechte Haltung deutlich.
- Sich mit einer Rolle auf dem Kopf bücken. Den Kindern veranschaulichen, daß es für den Rücken besser ist, sich mit gebeugten Knien und gerader Wirbelsäule zu bücken.
- Ohne Rolle: Mit einer Hand etwas Schweres tragen. Die Last auf beide Hände verteilen. Dann das ganze Gewicht in einem Rucksack tragen. Jedesmal vergleichen: Was ist angenehmer, was ist leichter?

Und so wird's gemacht

BASTELMATERIAL

Rollen von Toilettenpapier; Kleister oder Klebstoff; Schere
Ausstattung: Regenbogenpapier, Kreppapier, Bastelpapier, Glanzpapier, Wellpappe, Märchenwolle, Wollfäden ...; evtl. Stifte
für Rasseln: Transparentpapier; Reis oder Schellen

VORLAGEN

Siehe Seite 108: Clown 42

BASTELANLEITUNG

Clown: Rolle mit Regenbogenpapier oder Wellpappe bekleben. Gesicht aus Bastelpapier anfertigen. Mund aus Glanzpapier ausschneiden oder aufmalen.

Kreppapierrolle: 7 x 7 cm große Stücke schneiden,zu Kugeln knüllen und auf die Rolle kleben. Oder 5 cm breite Streifen unterschiedlicher Länge zu Kordeln drehen und hintereinander auf die Rolle kleben.

Wollrolle: Märchenwolle und Wollfäden um die Rolle wickeln.

Rasseln: Diese Rollen sind geschlossen und mit Reis oder Schellen gefüllt. Kleine Rechtecke aus Transparentpapier mit Kleister aufkleben. Dabei eine Seite bereits verschließen. Trocknen lassen. Rasselelemente einfüllen und dann die andere Seite verschließen.

Wetterdomino

ZIEL DER SPIELE

Bei dem Spiel sollen die Kinder sich überlagen, welche Kleidung zu welcher Jahreszeit und zu welchem Wetter paßt.
Zuvor führt man mit den Kindern anhand der Spielkarten ein Gespräch über die Jahreszeiten, das jeweils mögliche Wetter und über die „passende" Kleidung.
Vielleicht fallen den Kindern noch andere Kleidungsstücke ein, die sich als Kartenmotive eignen.

MITSPIELER

2 bis 4 Kinder ab 3 Jahren

SPIELMATERIAL

22 Kleider- und 20 Wetterdominokarten s.u.

Spielvorschläge

1. Jeder Mitspieler erhält drei Kleider- und drei Wetterkarten.
Der Rest der Karten kommt verdeckt auf einen Stapel. Die oberste Karte wird aufgedeckt in die Mitte des Spielfeldes gelegt.
Nun sollen die Kinder der Reihe nach entweder eine Kleider- oder eine Wetterkarte anlegen. Dabei darf immer nur eine Kleiderkarte an eine Wetterkarte gelegt werden und umgekehrt.
Das Spiel läßt mehrere Lösungen zu. So kann man einen Schirm bei Regen, aber auch bei Sonne benutzen. Genauso schützt eine Sonnenbrille nicht nur im Sommer, sondern auch im Winter bei Schnee. Die Kinder begründen die Zuordnung.
Kann ein Spieler nicht anlegen, so nimmt er sich eine Karte vom Stapel. Paßt auch diese nicht, so ist der Nächste an der Reihe.
Sieger ist, wer als erster keine Karten mehr hat.
Das Spiel ist beendet, wenn alle passenden Karten angelegt wurden.

2. Für kleinere Kinder läßt sich das Spiel vereinfachen, indem man zu Beginn alle Wetterkarten untereinander offen auf den Tisch legt und nur die Kleiderkarten zuordnet.

Und so wird's gemacht

BASTELMATERIAL

Fotokarton in Weiß; Regenbogen- und/oder Glanzpapier in verschiedenen Farben; Klebstoff; schwarzer Filzstift; Buntstifte; Schere

VORLAGE

Siehe Seite 108: Motive 43 – 68

BASTELANLEITUNG

Aus weißem Fotokarton 42 Karten mit den Maßen 6 x 12 cm ausschneiden. Mit Filzstift in zwei 6 x 6 cm große Felder unterteilen.
Kleidungsstücke je zweimal, Wettersymbole je fünfmal auf Regenbogen- oder Glanzpapier übertragen.
Bei den Kleiderkarten immer zwei unterschiedliche Kleidungsstücke aufkleben.
Auf die Wetterkarten kommen jeweils zwei Wettersymbole nach dem Dominoprinzip, zum Beispiel: Sonne – Sonne, Sonne – Schneekristall, Sonne – Frühlingswetter, Sonne – Herbstwetter …
Anschließend Regentropfen und Regenbogen zusätzlich aufzeichnen.

Ein gesunder Tag

ZIEL DER AKTION

Gemeinsam gestalten die Kinder einen „gesunden Tag". Im Mittelpunkt steht zum einen der bewußte Umgang mit gesunden Lebensmitteln: Einkauf, Zubereitung und Essen. Zum anderen geht es um das in diesem Zusammenhang ebenfalls wichtige Thema der Zahnpflege. In spielerischer Atmosphäre können die Kinder zeigen, was sie in beiden Bereichen bereits gelernt haben, lernen Neues hinzu und wenden das Gelernte konkret an.

MITWIRKENDE

Gruppen mit Kindern ab 4 Jahren (mit der Fingerpuppe können auch einzelne Kinder spielen); mindestens 1 Erwachsener

Vorbereitung

Im Vorfeld wird überlegt:

- Was soll an dem „gesunden Tag" zubereitet und gegessen werden? Geeignet sind zum Beispiel Obstsalat, Obstspieße oder Vollkornmüsli. (Auf Lebensmittelallergien achten.)
  Als Getränke reicht man am besten Mineralwasser oder Früchtetee.
- Welche Zutaten werden gebraucht? Um nichts zu vergessen, erstellt man eine Einkaufsliste.
- Wer besorgt die Zutaten? Die Kinder können sie von zu Hause mitbringen; oder alle gehen gemeinsam einkaufen.
- Was braucht man an Geschirr und Besteck?
- Wie wird der Tisch gedeckt? Als Tischschmuck bieten sich an: Tischkärtchen mit einem Obstmotiv oder einem bunten Zahn; mit Nelken bespickte Orangenschalen; gewaschene Obstkerne und -steine zwischen kleinen Zweigen; einzelne Früchte auf einem Blatt, an den Tellerrand gelegt.

Als Überraschung für die Kinder kann außerdem folgendes bereitgestellt werden:

- Kochkleidung: siehe Kleine Köche.
- Eventuell Gymnastikrollen: siehe Bewegung bzw. Seite 18/19.
- Fingerpuppen für alle (sie können auch bereits vorher gemeinsam mit den Kindern angefertigt werden); möglichst für jedes Kind eine neue Zahnbürste: siehe Zahnputzspiel.

Obst, Obst, Obst

Die Früchte, die von allen mitgebracht wurden oder die man zusammen eingekauft hat, werden zunächst auf einem Tisch aufgebaut. Gemeinsam spricht man darüber: Wie heißt die Frucht? Wie schmeckt sie? Hat sie einen Stein oder Kerne? Wird sie gewaschen oder geschält, klein geschnitten oder zerdrückt ...? Dann können die Aufgaben verteilt werden. Am besten arbeiten die Kinder in kleinen Gruppen, und jede Gruppe nimmt sich bestimmte Obstsorten vor.

Kleine Köche

Bevor es an die Arbeit geht, dürfen die Kinder sich in Köche verwandeln:
Sie setzen eine Papiermütze auf. Und Geschirrtücher, mit Klammern befestigt, werden zu Schürzen.

BASTELMATERIAL

Fotokarton in Weiß, 6 x 60 cm; Kreppapier in Weiß, Rollenbreite, ca. 80 cm; 2 große Büroklammern, ca. 5 cm lang; Tacker

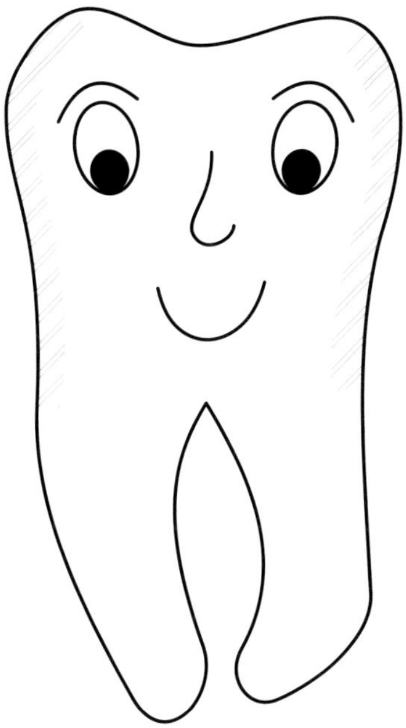

BASTELANLEITUNG

Die 80 cm lange Kreppapierseite in Falten an den Kartonstreifen tackern. Den Streifen mit Büroklammern zu einem Ring schließen (Kopfumfang des Kindes). Die obere Kante des Kreppapiers in Falten zusammenfassen und von innen zusammenheften.

Hände waschen

Gleich beginnt die Zubereitung. Doch vorher – und auch danach – heißt es natürlich noch: Hände waschen.
Damit dies mehr Spaß macht, können die Kinder in einer Polonaise ins Badezimmer gehen und dazu singen:

Wasser ist zum Waschen da,
falleri und fallera.
Auch zum Zähneputzen
kann man es benutzen.

In der Küche

OBSTSALAT

ZUTATEN

einheimische Früchte der Saison, Bananen, Kiwi, Ananas, Melone, Nüsse; Saft von Zitronen; evtl. Honig oder Birnendicksaft zum Süßen

ZUBEREITUNG

In kleinen Gruppen wird das Obst nun für den Salat vorbereitet.
Dann kann eine Sorte nach der anderen in eine große Schüssel gegeben werden.
Dabei preisen die Köche ihre Früchte mit „werbenden" Worten an: „Diese Früchte kommen aus einem warmen Land. Sie machen den Salat saftig und süß. Und sie sind sehr gesund, denn sie enthalten Vitamin C. Wir haben sie geschält und in kleine Stückchen geschnitten … Es sind Orangen."
Der Fruchtsalat wird zuletzt vorsichtig umgerührt, eventuell mit Honig oder Birnendicksaft gesüßt und dann zur Seite gestellt, damit er durchziehen kann.

OBSTSPIESSE

ZUBEREITUNG

Obst eventuell klein schneiden. Bunt durcheinander auf Schaschlikspieße stecken.

VOLLKORNMÜSLI

Müsli kann gut mit Obstsalat kombiniert werden. Bei der zeitlichen Planung ist zu beachten, daß man frisch geschrotetes Getreide drei bis zwölf Stunden einweichen muß.

ZUTATEN

pro Kind: 2 Eßlöffel Getreide (Weizen, Dinkel, Hafer, Hirse o.ä.); 1/2 Banane; 1/2 Apfel, gerieben; frisches Obst; Nüsse, Mandeln, Sonnenblumenkerne, Sesam; Zitronensaft; Sahne

ZUBEREITUNG

Getreide grob schroten. Mit Leitungswasser verrühren, bis ein weicher Brei entsteht. Drei bis zwölf Stunden ziehenlassen.
Die restlichen Zutaten hinzufügen und alles gut vermischen. Bald verzehren.

Bewegung

Nach der konzentrierten Arbeit und vor dem Essen tut ein bißchen Bewegung gut: Hier sind Spiele mit bunten Rollen, wie auf Seite 18 beschrieben, geeignet. Anschließend wird der Tisch gedeckt.

Das gemeinsame Essen

Das gemeinsame Essen bildet den Höhepunkt des Festes. Deshalb sollten die Kinder sich auch bewußt darauf einstimmen. Dies kann mit einem gemeinsamen Fingerspiel geschehen. Die Kinder sitzen um den Tisch; sie singen und agieren zur Melodie „Alle meine Entchen“:
„Alle meine Früchte schäle ich ganz rein …, schneide sie in Stücke, vorsichtig und fein.“
Dann singen die einzelnen Gruppen, die anderen Kinder machen die Bewegung mit: „Wir schälen die Bananen, sie sind weiß und rein …“ „Und wir knacken Nüsse, sie sind braun und rein …“
Danach wird aufgetischt. Auch jetzt ist Arbeitsteilung möglich: Ältere Kinder können servieren, jüngere später dann abtragen.
Vor dem Essen fassen sich alle an den Händen und wünschen sich guten Appetit.

Zahnputzspiel

Jedes Kind bekommt eine Zahnfingerpuppe und eine Zahnbürste, die mit einer „Fliege“ geschmückt ist. Beides darf es später behalten. (Zum Verpacken der Zahnbürste eventuell Tüten bereithalten.)
Ein Erwachsener führt mit beiden „Puppen“ das Zahnputzfingerspiel unten vor. (Es kann auch zur Melodie von „Alle Vögel sind schon da“ gesungen werden.) Beim Refrain machen die Kinder von Anfang an mit. Anschließend geht man mit ihnen näher auf den Inhalt ein, und das Fingerspiel wird gemeinsam wiederholt.
Bevor die Kinder nach Hause gehen, putzen sie ihre Zähne mit den neuen Zahnbürsten dann richtig.

Liebe Leute, groß und klein,
Zähneputzen, das muß sein.
Gesunde Zähne sind von Nutzen,
deshalb sollt ihr sie oft putzen.
Refrain: *Drei Minuten sind nicht lang.*
Vorm Zahnarzt ist euch dann nicht bang.

Wenn die Zähne schmutzig sind,
holt Creme und Bürste her geschwind.
Den Mund gespült und dann mit Fleiß
immer nur von Rot nach Weiß.
Drei Minuten …

Die Zwischenräume sind auch wichtig,
deshalb putzt sie immer tüchtig.
Und die Kauflächen jetzt noch,
sonst gibt's dort ein schwarzes Loch.
Drei Minuten …

Geht ihr abends dann ins Bett,
seid zu euern Zähnen nett:
Putzt sie gründlich nach dem Essen.
Und natürlich nicht vergessen:
Drei Minuten …

BASTELMATERIAL

Moosgummi in Weiß; wischfeste Filzstifte in Rot und Schwarz; Klebstoff

VORLAGEN

Siehe Seite 23

BASTELANLEITUNG

Zahn jeweils zweimal von der Vorlage auf Moosgummi übertragen.
Ein Gesicht aufmalen.
Dann die Zahnhälften an den seitlichen Rändern (siehe Markierung) zusammenkleben.

Eins, zwei, viele

Die Spielangebote in diesem Kapitel helfen Kindern, mit Zahlen und Mengen vertraut zu werden. Die Kinder lernen, Zahlen von eins bis zwölf zu erkennen und zu benennen. Sie bringen Zahlen und Mengen in Verbindung und bekommen eine Vorstellung von „viel" und „wenig". Neue Möglichkeiten eröffnen sich ihnen: zum Beispiel, volle Stunden auf der Uhr zu unterscheiden und dem Tagesablauf zuzuordnen. Oder Mengen aufzuteilen und abzuzählen. Und Regelspiele ohne die Hilfe Erwachsener zu spielen.

Marienkäferspiel

ZIEL DER SPIELE

Die Kinder werden bei diesem Würfelspiel mit Mengen von eins bis sechs vertraut gemacht. Sie lernen, zu zählen und kleine Mengen auf einen Blick zu erkennen. Wird anstelle eines Punktewürfels ein Zahlenwürfel eingesetzt, lernen die Kinder zusätzlich, Zahlen und Punktemengen in Verbindung zu bringen.

MITSPIELER

3 bis 5 Kinder ab 4 Jahren

SPIELMATERIAL

Spielfeld und Holzkäfer als Spielsteine s.u.; Punktewürfel oder Zahlenwürfel

Spielvorschläge

1. Die verschiedenfarbigen Spielfiguren (Holzkäfer) werden verteilt.
Dann wird reihum mit einem Punktewürfel gewürfelt. Der Würfel zeigt an, welches Punktefeld die kleinen Käfer in der ersten Runde anfliegen dürfen.
Wird in der nächsten Runde eine niedrigere Punktezahl gewürfelt, müssen die Käfer auf das entsprechende Feld zurück.
Sie halten sich so lange im ersten Spielabschnitt auf, bis sie durch eine Sechs auf dem Marienkäferfeld landen.
Danach geht es bis zur nächsten Sechs im zweiten Spielabschnitt weiter …
Zeigt der Würfel die gleiche Punktezahl wie das Feld, auf dem sich der kleine Käfer befindet, muß dieser sitzen bleiben.
Gewonnen hat, wer als erster vom letzten Marienkäferfeld aus mit einer Eins auf eine Blume fliegt.

2. Statt des Punktewürfels kann man auch einen Zahlenwürfel nehmen. Die Spieler lernen dann, die Zahl, die sie würfeln, mit der auf dem Spielfeld aufgezeigten Punktemenge in Verbindung zu bringen.

Und so wird's gemacht

BASTELMATERIAL

Tonkarton für Schablonen; 2 Moosgummiplatten in Grün à 30 x 40 cm; Moosgummi in Gelb, Rot, Weiß, Blau, Orange; 5 Holzperlen in Rot, Ø 15 mm, mit durchgehendem Loch; Pfeifenreiniger (Chenilledraht) in Schwarz, Blau, Rot, Gelb, Grün; Würfel (Holzrohling) mit 3 cm Seitenlänge; Klebstoff; wasserfester Filzstift in Schwarz; kleine Schere; Puksäge

VORLAGEN

Siehe Seite 108: Spielfeld 69a – 69e

BASTELANLEITUNG

Spielfeld: Das Spielfeld besteht aus zwei Moosgummiplatten, die aneinandergelegt werden.
Von den einzelnen Teilen zunächst Schablonen aus Tonkarton fertigen, auf Moosgummi übertragen und ausschneiden.
Marienkäfer bemalen.

Je fünf gelbe Plättchen eines Spielabschnittes mit Punkten von eins bis fünf versehen (Anordnung wie bei einem Würfel).
Das Startfeld beschriften.
Dann die Teile auf die beiden Moosgummiplatten kleben. Um deutlich zu machen, wie das Spielfeld zusammengesetzt wird, ein gelbes Plättchen mit zwei Punkten halbieren und die Hälften dort auf die Platten kleben, wo sie aneinanderstoßen.

Spielsteine: Fünf rote Holzperlen mit Hilfe einer Puksäge so abflachen, daß eine Standfläche von etwa 12 mm entsteht. Anschließend bemalen. Der Boden des Käfers wird schwarz.
Für die Fühler benötigt man dann ein Stück Pfeifenreiniger von 3 cm Länge. Dieses wird doppelt gelegt, an der geschlossenen Seite einmal verdrillt und in das Kopfloch des Käfers eingeklebt. Die vorne herausragenden Fühler nach links und rechts biegen.

Würfel: Pro Würfel sechs Tonkartonkreise von 2,5 cm Ø schneiden.
Mit Punkten bzw. Zahlen versehen und aufkleben.

Sternenhimmel

ZIEL DER SPIELE

Die Kinder lernen, Mengen mit unterschiedlichen Elementen auf einen Blick zu erkennen und in Zahlen wiederzugeben.

MITSPIELER

2 bis 6 Kinder von 3 bis 8 Jahren

SPIELMATERIAL

12 Wolkenkarten mit Schäfchen (1 bis 6 Schäfchen, je zweimal), 12 Wolkenkarten mit Sternchen (entsprechend), Spielplatte, Schafe und Sterne s.u.

Spielvorschläge

1. Wolkenkarten umgedreht nebeneinanderlegen. Bei kleinen Kindern die Anzahl der Karten reduzieren oder nur mit Schäfchen bzw. Sternchen spielen.
Der Reihe nach deckt jeder Spieler zwei Karten auf. Zeigen sie die gleiche Anzahl Sterne oder Schafe, darf er sie zu sich nehmen und ein weiteres Paar aufdecken. Ungleiche Paare werden wieder umgedreht. Wer die meisten Kartenpaare aufdeckt, gewinnt.

2. Die Wolkenkarten liegen umgedreht nebeneinander.
Reihum deckt jeder Spieler eine Karte auf, sagt zum Beispiel: „Auf der Wolke sind fünf Schäfchen" und legt dann fünf Schafe auf die Spielplatte. Die Wolkenkarte wird umgedreht auf ihren Platz zurückgelegt. Die Spieler versuchen, sich die Anzahl der Schafe bzw. Sterne zu merken.
Sieger wird, wer am Schluß eine Wolke mit der richtigen Menge an Schafen bzw. Sternen aufdeckt und das letzte Element auf das Spielfeld legt. Wer eine Karte mit zu vielen Elementen zieht, setzt aus.

3. Bei diesem Spiel braucht jeder ein eigenes Spielfeld. Diese Felder sollten etwas kleiner sein und weniger Punkte haben.
Die Wolkenkarten mit den Schäfchen und Sternchen liegen gemischt auf einem Stapel. Reihum ziehen die Spieler eine Karte und bestücken Spielfelder mit der entsprechenden Menge an Schafen oder Sternen.
Die Wolkenkarten werden auf einem zweiten Stapel abgelegt, der bei Bedarf gemischt und neu genutzt wird.
Sind auf der Karte mehr Elemente als freie Plätze auf dem Spielfeld, muß eine Runde ausgesetzt werden.
Wer hat sein Spielfeld als erster voll belegt?

Und so wird's gemacht

BASTELMATERIAL

Tonkarton in Lila, Gelb und Weiß; feiner Filzstift in Dunkelblau; Buntstifte in Rot, Gelb und Weiß; Klebstoff; Schere

VORLAGEN

Siehe Seite 108: kleine Wolke 70; Mond 71; Spielplättchen 72 – 73

BASTELANLEITUNG

Wolkenkarten: 24 kleine Wolken aus Tonkarton ausschneiden. Zwölf Wolken mit Schäfchen (je zweimal von eins bis sechs) und zwölf Wolken mit Sternen (wie zuvor), angeordnet wie bei einem Punktewürfel, bekleben.

Spielfeld: Das Spielfeld, eine große Wolke, aus Fotokarton (40 x 50 cm) zuschneiden. Den Mond aus gelbem Tonkarton ausschneiden, bemalen und auf das Spielfeld aufkleben.
42 weiße und 42 gelbe Punkte aufzeichnen. Die weißen Punkte werden im Spiel mit Schäfchen, die gelben mit Sternchen belegt.

Spielplättchen: Schäfchen und Sternchen je 42mal aus weißem bzw. gelbem Tonkarton ausschneiden. Die Schafe mit blauem Filzstift ausgestalten.

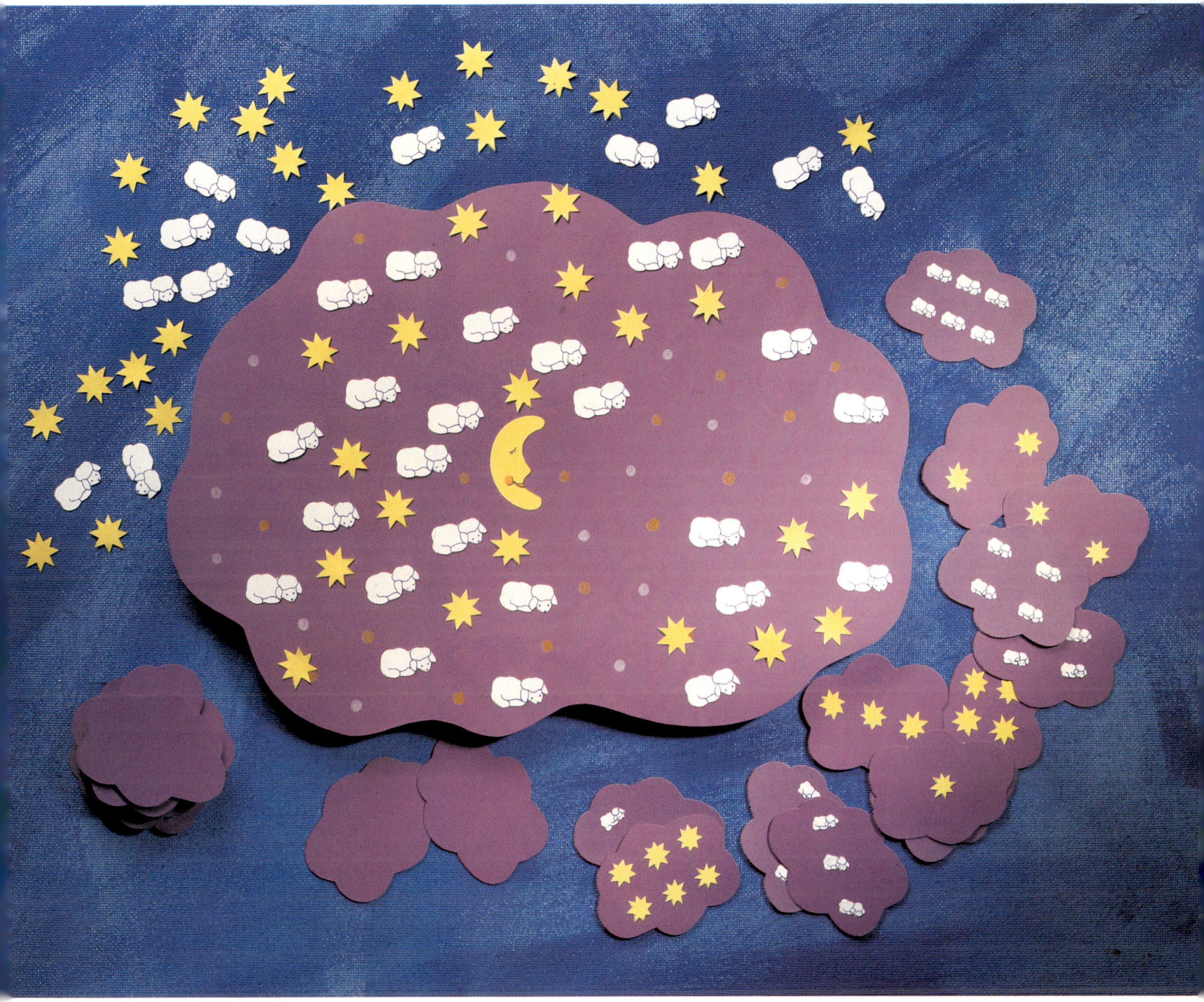

Zählmaschine

ZIEL DER SPIELE

Die Kinder lernen, zu zählen, Zahlen und Mengen zu erkennen und zu benennen, Mengen durch Hinzufügen oder Wegnehmen zu vergrößern oder zu verkleinern.

MITSPIELER

3 bis 6 Spieler von 3 bis 8 Jahren

SPIELMATERIAL

Zählmaschine, Würfel mit Zahlen, mit Punkten, mit Plus und Minus und/oder mit Motiven s.u.

Spielvorschläge

1. Zwei oder drei Spieler machen mit, sie wählen je ein Motiv der Zählmaschine (Wolke, Eisenbahn, Gras), dann wird mit einem Zahlen- oder Punktewürfel reihum gewürfelt.
Die Motive sind zu Beginn alle auf einer Seite aneinandergereiht.
Jeder darf nun so viele Teile verschieben, wie der Würfel vorgibt.
Ist die Zahl höher, als noch Teile vorhanden sind, wird ausgesetzt. Innerhalb einer Spielrunde werden die Teile zunächst in die eine, dann in die andere Richtung geschoben.
Wer hat als erster alle Motive wieder in der Ausgangsposition?

2. Wieder nehmen zwei oder drei Kinder teil und spielen dann reihum mit einem Würfel, auf dem drei Plusfelder, zwei Minusfelder und ein Leerfeld sind.
Wer ein Plus hat, kann das Spiel beginnen und ein Teil verschieben. Bei einem Minus muß ein Teil wieder zurückgenommen werden. Ein leeres Feld heißt: eine Runde aussetzen.
Wer hat als erster alle Teile auf die gegenüberliegende Seite geschoben?
Variante: Zusätzlich wird ein Zahlen- oder Punktewürfel eingesetzt und die gewürfelte Anzahl bei einem Plus vor-, bei einem Minus zurückgeschoben. Während einer Spielrunde wird dann zunächst in die eine und schließlich noch in die andere Richtung gespielt.

3. Je zwei Kinder spielen zusammen und übernehmen ein Motiv der Zählmaschine. Sie würfeln nacheinander, bevor sie den Würfel an die nächste Gruppe weitergeben. Der Würfel zeigt die gleichen Motive (Wolke, Lok und Gras, je zweimal). Erscheint das gewählte Motiv, dürfen die Spieler ein Teil auf der Zählmaschine verschieben. Andernfalls kommt der nächste dran.
Welche Gruppe hat zuerst alle Teile auf die andere Seite geschoben?
Variante: Auch diesmal kann zusätzlich ein Zahlen- oder Punktewürfel eingesetzt werden.

Und so wird's gemacht

BASTELMATERIAL

Tonkarton in Weiß, Rot, Gelb, Petrol, Dunkelgrün und Schwarz; Tonpapier in Grün (ca. 16 x 17 cm) und Violett (ca. 16 x 10 cm); Faltpapier in Pink, Gelb und Hellblau; 2 Papprollen (Haushaltsrollen), 26 cm lang, 5 cm Ø ; 3 Rundholzstäbe, 60 cm lang, 6 mm Ø; 30 Sechskantmuttern M5; bis zu 4 Würfel (Holzrohlinge), Seitenlänge 3 cm; Klebstoff; Filzstift in Schwarz; Plakatfarbe in Grün und Violett und Pinsel; Bleistift; Lineal; evtl. Zirkel; Schere

VORLAGEN

Siehe Seite 108: Motive 74a – 74d; Halterung 75; Würfel 76a – 76c

BASTELANLEITUNG

Zählmaschine: Papprollen unten mit grünem, anschließend oben mit violettem Tonpapier bekleben.
Mit einer Schere an den Nahtstellen Löcher einstechen: von unten gemessen nach 6, 13 und 20 cm. Durch Drehen etwas weiten. Einen Rundholzstab mit grüner, einen mit violetter Plakatfarbe bemalen und gut trocknen lassen.
Motive und Halterungen auf Tonkarton übertragen und ausschneiden.

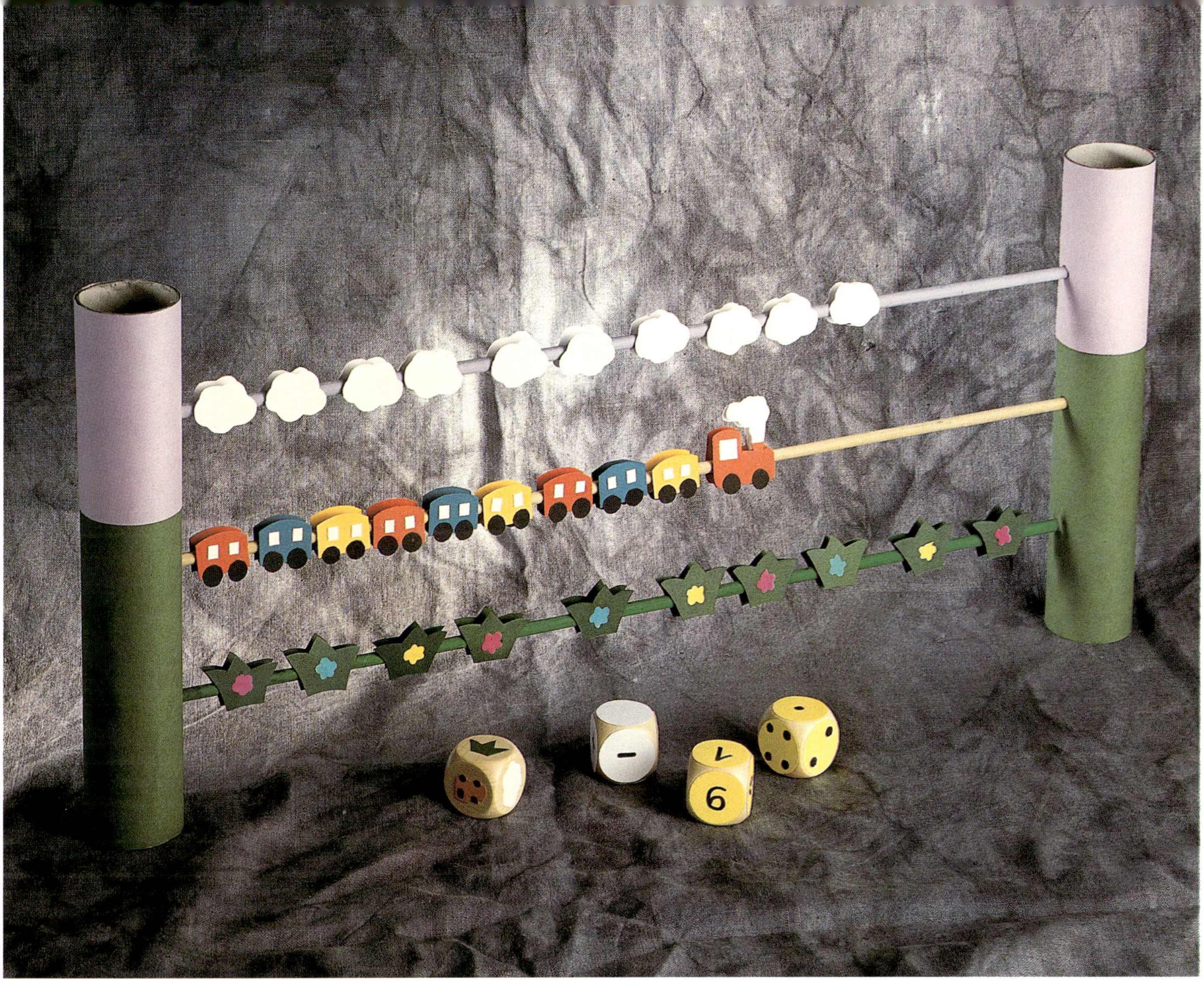

Halterungen falzen, falten, zusammenkleben und gut trocknen lassen. Dann die Motivteile deckungsgleich auf beide Seiten der Halterungen kleben. Nun die dreißig Motive auf die Holzstäbe aufziehen.
Die Enden der Stäbe folgendermaßen in den Halterungen befestigen: Mit leichtem Druck bis zum Anschlag in die vorgesehenen Löcher eindrehen. Die Stäbe entsprechend markieren, herausziehen und bis zu den Kennzeichnungen mit Klebstoff bestreichen. Diesen etwas antrocknen lassen, dann die Zählmaschine zusammenbauen.
Zum Beschweren der Motive Muttern unter die Halterungen kleben.

Würfel: Für jeden Würfel sechs Kreisflächen (2,5 cm Ø) aus weißem Tonkarton ausschneiden. Mit schwarzem Filzstift Ziffern (1 bis 6) oder Punkte (1 bis 6) oder Plus (3x) und Minus (2x) eintragen. Anschließend die Würfel bekleben; der Plus-Minus-Würfel erhält zusätzlich ein weißes Leerfeld.
Die Motive für die Motivwürfel von der Vorlage übertragen und ausschneiden (je 2x). Die beiden Loks mit schwarzem Filzstift ausgestalten. Den Würfel so bekleben, daß gleiche Motive einander gegenüberliegen.

Murmelspiel mit Bären

ZIEL DER SPIELE

Die Kinder lernen, Zahlen zu erkennen, zu benennen und zusammenzuzählen.
Der Schwierigkeitsgrad des Spieles läßt sich variieren: Je nach Alter der Kinder kann die Punktezahl der Bahnen niedrig (z.B. 1, 2, 3) oder höher (z.B. 5, 10, 20) sein.
Kleinere Kinder, die noch keine Zahlen kennen, können auch ein reines Geschicklichkeitsspiel daraus machen.

MITSPIELER

2 bis 6 Kinder ab 5 Jahren; evtl. ein Erwachsener, der beim Zusammenzählen hilft

SPIELMATERIAL

Spielfeld mit Bären s.u.; Glasmurmel

Spielvorschläge

1. Die Kugel soll nacheinander möglichst alle Bahnen durchlaufen. Wird eine Bahn übersprungen, darf sie nicht noch einmal angespielt werden.
Wird eine Bahn zweimal durchlaufen, muß der Spieler diese Runde aussetzen.
Wer hat nach mehreren Runden die höchste Punktezahl?

2. Eine Zahl wird festgelegt, zum Beispiel 20. Den Spielern muß es auf Anhieb gelingen, diese Zahl zu treffen. Klappt es, wird sie notiert. Mißglückt der Versuch, kommt der nächste Spieler an die Reihe.
Wer hat nach mehreren Runden die meisten Punkte?

3. Die Kugel soll durch drei Bahnen rollen (hin – her – hin). Wer dabei die höchste Punktezahl erreicht, hat die Runde gewonnen.

Und so wird's gemacht

BASTELMATERIAL

Tonkarton in Hellgrün, Dunkelgrün und Dunkelbraun, Reste in Rot, Gelb, Blau, Hellbraun; Glasmurmel, 12 mm Ø; Klebstoff; schwarzer Buntstift; Bleistift; Lineal; Schere

VORLAGEN

Siehe Seite 108: Hecke 77; Bär 78

BASTELANLEITUNG

Aus hellgrünem Tonkarton ein Quadrat von 28 x 28 cm schneiden.
Das eigentliche Spielfeld ist 20 cm groß. Rundherum einen Rand von 4 cm einzeichnen.
Mit einer spitzen Schere und einem Lineal vorfalzen, dabei alle Linien bis zum Rand durchziehen.
Die durchgezogenen Linien von zwei gegenüberliegenden Seiten je 4 cm weit einschneiden.
In der Mitte des Spielfeldes mit gleichmäßigem Abstand (jeweils 4 cm) vier Linien von 13,5 cm Länge einzeichnen.
Den Rand rundherum nach oben falten und an den Ecken zusammenkleben.
Hecken, Bären, Fußteile, Schnauzen und Hosen auf Tonkarton übertragen und ausschneiden.
Hecken entlang den Einzeichnungen vorfalzen und falten, dann auf die Linien des Spielfeldes kleben.
Bärenteile zusammenkleben, Gesichter und Ziffern aufmalen. Die Ausgestaltung ist von beiden Seiten gleich.
Füße falzen, falten und zur besseren Standfestigkeit mit Unterteilen bekleben.
Bären zwischen den Heckenreihen plazieren. Wo die Arme der Bären die Hecken berühren, diese 5 mm einschneiden und die Arme feststecken.
Der zweite Arm der äußeren Bären wird am Spielfeldrand nach innen gebogen.
Bären mit den Füßen festkleben.

5
10
20
10
5

Uhren

ZIEL DER SPIELE

Die Kinder werden mit den Zahlen eins bis zwölf vertraut. Sie prägen sich das Bild einer Uhr und die Anordnung der Zahlen auf dem Zifferblatt ein.

MITSPIELER

beliebig viele Kinder von 4 bis 8 Jahren

SPIELMATERIAL

Spieluhren aus Moosgummi bzw. Pendeluhr (Beine als Pendel) s.u.

Spielvorschläge

1. Jeder Mitspieler hat eine Uhr aus Moosgummi und Plättchen mit Zahlen von 1 bis 12.
Alle Zahlenplättchen werden in den Spielkreis gelegt.
Reihum dreht jedes Kind den Zeiger seiner Uhr. Wo er stehenbleibt, soll die richtige Zahl eingelegt werden.
Wählt der Spieler die falsche Zahl, muß er sie zurückgeben.
Ist die betreffende Zahl schon eingelegt, setzt der Spieler in dieser Runde aus.
Wer hat die Uhr als erster vollständig bestückt?

2. Alle Mitspieler haben eine Uhr mit eingelegten Zahlen vor sich. Der Reihe nach dreht jeder den Zeiger seiner Uhr. Die Zahl, auf die der Zeiger weist, wird herausgenommen.
Wer hat zuerst alle Zahlen in richtiger Reihenfolge neben der Uhr liegen?

3. Ein Spieler setzt das Pendel der Pendeluhr in Bewegung, die anderen zählen, wie oft es ausschlägt. Diese Anzahl stellt der Spieler als Uhrzeit ein.
Dann kommt der nächste dran.

4. Ein Spieler bewegt das Pendel der Pendeluhr, die anderen haben jeweils eine Uhr aus Moosgummi vor sich liegen.
Sie zählen die Pendelbewegungen und bestücken ihre Uhr mit der entsprechenden Ziffer.
Der Spieler, der das Pendel bewegt, hat zwölf Versuche. Ist er so geschickt, daß die anderen alle Zahlen in die Uhr einlegen können?

5. Es wird vor dem Spiel festgelegt, daß der Tag beispielsweise um acht Uhr beginnt und um acht Uhr (20.00 Uhr) endet.
Ein Spielteilnehmer setzt das Pendel der Pendeluhr in Bewegung, stellt die Uhr entsprechend dem Pendelausschlag ein und erzählt zu dieser Uhrzeit eine passende Begebenheit.
Dann kommt der nächste dran.

Und so wird's gemacht

BASTELMATERIAL

Uhren aus Moosgummi: Moosgummi in verschiedenen Farben; Tonkarton in Weiß; Reste in Schwarz; Klarsichtdeckel aus Kunststoff, mindestens 6 cm Ø; Holzspatel, 11 cm lang, 2 cm breit (z.B. Eisstiel); Hohlniet (Kopf und Unterteil); Plakatfarbe in Schwarz und Pinsel; Leuchtfarbe; Filzstift in Schwarz; Bleistift; Schere; Nagelbohrer, 3 mm Ø; evtl. Zirkel
Pendeluhr: Fotokarton (300 g) in verschiedenen Farben; Tonpapierreste in Weiß und Rot; Hohlniet (Kopf und Unterteil); Bildaufhänger (Papier); Klebstoff; Filzstift in Schwarz; Deckweiß und Pinsel; Bleistift; Schere; Zirkel

VORLAGEN

Siehe Seite 108: Uhrzeiger 79;
Pendeluhr 80a – 80c

BASTELANLEITUNG

Uhren aus Moosgummi: Aus Tonkarton eine Schablone von 23 cm Ø fertigen; zwölf Kreise in gleichmäßigen Abständen mit Hilfe eines Fünfmarkstücks aufzeichnen und ausschneiden.
Nun die Schablone auf Moosgummi auflegen, mit Bleistift umreißen, dann das Zifferblatt ausschneiden.
Mit einer Scherenspitze ein Loch in die Mitte stechen und von hinten ein Nietunterteil durchstecken.
Den Minutenzeiger aus Tonkarton ausschneiden. Ebenfalls ein Loch einstechen, etwas runden und den Zeiger auf den Niet stecken.
Aus einem Klarsichtdeckel eine Scheibe von 6 cm Ø fertigen, in der Mitte mit einem Loch versehen und dann ebenfalls aufstecken.

Einen Spatel schwarz anmalen und gut trocknen lassen. Mit Leuchtfarbe einen Pfeil einzeichnen.
Nun mit einem Nagelbohrer ein Loch bohren und mit Hilfe einer Scherenspitze durch Drehen auf etwa 5 mm (je nach Nietmaß) weiten.
Den Zeiger aufstecken (er muß leicht drehbar sein) und den Nietkopf aufsetzen.
Für die Zahlen mit Hilfe eines Zweimarkstücks zwölf Kreise auf Moosgummi aufmalen und ausschneiden, dann mit schwarzem Filzstift beschriften.

Pendeluhr: Alle Teile aus Fotokarton bzw. Tonpapier (Augen, Mund, Nase) ausschneiden und zusammenkleben.
Gesicht und Hände nun mit schwarzem Filzstift ausgestalten, den Mund mit Deckweiß umranden.
Für die Uhr eine Kreisfläche von 18 cm anfertigen und mit einer Scherenspitze in der Mitte ein kleines Loch anbringen.
Mit Hilfe eines Zweimarkstücks zwölf Kreise auf weißes Tonpapier zeichnen, diese dann ausschneiden und mit Filzstift beschriften.
Zuerst die Beine (Pendel), anschließend den Oberkörper, das Zifferblatt und die Zeiger auf das Unterteil einer Niete aufstecken und mit dem Nietkopf befestigen.
Auf der Rückseite oben an die Zipfelmütze einen Bildaufhänger kleben.

Kleines Zahlenfest

ZIEL DER AKTION

Bei diesem Spielefest dreht sich alles um Zahlen und ums Zählen. Dabei werden Spaß und Spannung großgeschrieben.
Die Spiele, die im Mittelpunkt stehen, sind den Kindern bereits bekannt. So muß nicht viel erklärt werden: Es kann gleich losgehen. Und die Kinder dürfen zeigen, was sie bereits gelernt haben und wie gut sie mit Zahlen und Mengen umgehen können.
Diese Aktion ist geplant als Höhepunkt und Abschlußfest für eine Gruppe, die sich über einen längeren Zeitraum mit dem Thema Zahlen und Zählen beschäftigt hat.
Das Fest kann von allen gemeinsam vorbereitet werden.
Das Thema eignet sich jedoch gleichermaßen für einen Kindergeburtstag oder ein ähnliches Fest, zu dem verschiedene Kinder – und eventuell auch Erwachsene – eingeladen werden.

MITWIRKENDE

kleinere und größere Gruppen mit Kindern ab 4 Jahren; mindestens 1 Erwachsener

Vorbereitung

Wenn die in diesem Kapitel vorgeschlagenen Spiele schon gebastelt sind, braucht nur noch wenig vorbereitet zu werden:

- Eventuell Einladungskarten, mit bunten Zahlen verziert.
- Eventuell Dekoration: Eine Schnur durch den Raum spannen und daran Zahlen, die aus buntem Papier ausgeschnitten sind, festklammern.
- Spielecken: In sechs Spielecken steht jeweils eines der in diesem Kapitel gezeigten Spiele bereit.
- Papierkügelchen als Belohnung: siehe Spiel um Spiel.
- Schachteln zum Sammeln der Kügelchen: siehe Spiel um Spiel.
- Pausentisch: Für die Pause wird ein Tisch gedeckt. Man kann Papierzahlen darauf verteilen und mit Zahlen verzierte Namenskärtchen aufstellen. Und dann gibt's eine Stärkung: siehe Kakao und Gebäck.
- Motivkarten, die mit Papierkügelchen beklebt werden: siehe Basteln.

Spiel um Spiel

Die Spiele des vorliegenden Kapitels sind auf einzelne Spielecken verteilt. Für die Spiele gelten die bekannten Regeln oder auch Varianten.
Jedes Kind sollte möglichst bei jedem Spiel einmal mitmachen. Gemeinsam einigt man sich, wer mit wem spielt und in welcher Reihenfolge.
In jeder Spielecke gibt es als Belohnung für die Teilnahme dreißig Papierkügelchen in einer bestimmten Farbe. (In einer Ecke gibt es Schwarz und Braun gemischt.) Die Gewinner bekommen fünfzig Kügelchen. Nur wer überall mitgespielt hat, besitzt zum Schluß Kügelchen in allen Farben.
Die Kinder sammeln ihre Kügelchen in Schachteln, die mit bunten Zahlen bemalt sind.

BASTELMATERIAL

Kügelchen: Seidenpapier in Weiß, Gelb, Rot, Blau, Grün, Braun und Schwarz
Schachtel: weißer Tonkarton; Lineal; Bleistift; Bunt- oder Filzstifte; Schere; Klebstoff

BASTELANLEITUNG

Kügelchen: Seidenpapier in kleine Stückchen von etwa 4 x 4 cm schneiden und zu festen Kügelchen formen.

Schachtel: Aus weißem Tonkarton ein Quadrat von 30 x 30 cm ausschneiden und darauf neun Quadrate von 10 x 10 cm einzeichnen.
Entlang den Linien falzen.
Die beiden Falzlinien zweier gegenüberliegender Seiten jeweils 10 cm weit einschneiden.
Die Schachtel falten und zusammenkleben und mit bunten Zahlen verzieren.

Kakao und Gebäck

Nach den Spielen wird eine Pause gemacht. Gemeinsam setzen die Kinder sich an einen Tisch und ruhen sich bei Kakao und bei Zahlengebäck aus.

ZUTATEN

Teig für 20 bis 25 Zahlen: 500 g Mehl; 30 g Hefe; 60 g Zucker; 1/4 l lauwarme Milch; 60 g Butter; 1 Ei; 1 Prise Salz; abgeriebene Zitronenschale; 1 Eigelb
Guß und Verzierung: 100 g Puderzucker; 1 1/2 Eßl. heißes Wasser; bunte Zuckerstreusel

ZUBEREITUNG

Mehl in eine Schüssel sieben und in die Mitte eine Mulde drücken.
Die zerbröckelte Hefe in der Mulde mit etwas Zucker, Milch und Mehl zu einem Vorteig verrühren.
Den Teig dann an einem warmen Ort zugedeckt fünfzehn Minuten gehenlassen.
Den restlichen Zucker, zerlassene Butter, Ei, Salz und Zitronenschale mit dem Hefeteig verkneten. Den Teig schlagen, bis er Blasen wirft, und wiederum fünfzehn Minuten gehenlassen.
Backofen auf 200 Grad vorheizen. Das Backblech mit Backpapier auslegen.
Aus dem Teig Stränge rollen und daraus Zahlen legen. Diese nun auf das Backblech geben und mit verquirltem Eigelb bestreichen. Abermals fünfzehn Minuten gehenlassen.
Die Zahlen auf der zweiten Schiebeleiste von unten etwa fünfzehn Minuten backen.
Puderzucker sieben und mit Wasser verrühren. Die noch warmen Zahlen damit überziehen. Vor dem Trocknen bunte Streusel darüberstreuen.

Basteln

Nach der Stärkung geht's nun mit Basteln weiter.
Jedes Kind bekommt eine Motivkarte, die es mit den gesammelten Papierkügelchen beklebt und dann als bleibende Erinnerung nach Hause mitnehmen darf.
Möchte man das Gruppenerlebnis in den Vordergrund rücken, können auch alle Kinder zusammen ein Wandbild gestalten.

BASTELMATERIAL

Fotokarton in verschiedenen Farben; Filzstift in Schwarz; Schere; Klebstoff; Seidenpapierkügelchen s.o.

VORLAGEN

Siehe Seite 108: Motive 81; Seite 38, 39 (evtl. leicht vergrößern)

BASTELANLEITUNG

Aus Fotokarton Karten von 25 x 25 cm zuschneiden. Die Ecken eventuell mit Hilfe eines runden Gegenstandes abrunden.
Motive auf die Karten übertragen und mit schwarzem Filzstift nachzeichnen.
Das Motiv dick mit Klebstoff einstreichen, diesen etwas antrocknen lassen, dann bunte Seidenpapierkügelchen aufkleben.

Ich und du, ihr und wir

Jedes Spiel mit anderen ermöglicht Kindern eine Auseinandersetzung mit ihrer sozialen Umwelt und beinhaltet deshalb immer auch soziales Lernen. Dieses Kapitel regt vor allem zu solchen Spielen an, bei denen das Gemeinschaftserlebnis im Vordergrund steht oder soziale Fähigkeiten wie Hilfsbereitschaft, Rücksicht, Toleranz, Kooperation, das friedliche Lösen von Konflikten und Kompromißbereitschaft geübt werden.

Wer gehört zu mir?

ZIEL DER SPIELE

Die Kinder sind bei dem folgenden Partnerspiel aufeinander angewiesen. Sie müssen auf andere achten und erfahren dabei das Gefühl der Zusammengehörigkeit.
Dem Spiel vorausgehen sollte ein gemeinsames Gespräch über die Tiere, die auf den Spielkarten abgebildet sind. Jede Tierart hat ihre Eigenheiten: zum Beispiel eine eigene „Sprache", mit der die Tiere sich untereinander verständigen, oder typische Bewegungen.

MITSPIELER

24, 20, 16, 12 oder 8 Kinder ab 3 Jahren

SPIELMATERIAL

6 Karten mit verschiedenen Tieren,
6 diagonal durchgetrennte Karten mit den gleichen Tieren (jeweils 4 Teile) s.u.

Spielvorschläge

1. Die Viertelstücke der Karten werden verdeckt auf den Tisch gelegt. Jedes Kind nimmt ein Teilchen, schaut es an und hält es dann so in der Hand, daß die anderen es nicht sehen.
Auf ein Zeichen hin gehen alle Kinder durchs Zimmer und geben dabei die jeweiligen Tierlaute von sich. Wer sein Tier nicht erkennt, steht ruhig da und hebt sein Teilchen in die Höhe.
Haben sich vier Kinder gefunden, legen sie ihr Bild auf einem Tisch zusammen.
Variante: Die Kinder flüstern die Tierlaute, oder sie ahmen die Bewegungen der Tiere nach.

2. Mit den viergeteilten Tierkarten können zwei bis sechs Kinder ein Gedächtnisspiel machen.
Jedes Kind wählt ein Tierteil. Die restlichen Teile liegen verdeckt und vermischt in der Mitte des Tisches.
Ein Spieler nach dem anderen deckt ein Teil auf; wenn es zu seinem Tier paßt, nimmt er die Karte; wenn nicht, wird sie wieder umgedreht.
Wer hat als erster vier passende Teile beieinander?

3. Mit denselben Karten können drei bis sechs Kinder auch Quartett spielen.
Die Karten werden verteilt.
Wer an der Reihe ist, erfragt die fehlenden Teile von den Mitspielern: „Hast du das Vorderteil vom Schaf? … Hast du das Hinterteil von der Katze?" …
Hat der gefragte Spieler die Karte, wird sie ausgehändigt, und dasselbe Kind fragt weiter; hat der angesprochene Spieler die Karte nicht, kommt er an die Reihe.

Und so wird's gemacht

BASTELMATERIAL

dicke Pappe oder feinwellige, starre Wellpappe (beidseitig glatt); Reborn-Karton in Rot, Blau, Grün; Tonpapier in Goldgelb, Maisgelb, Weiß, Chamois, Altrosa, Rosa, Hellbraun, Hellblau, Mint, Rubinrot; Farbstifte in Schwarz, Weiß, Hellbraun; Filzstift in Schwarz; Klebestift; Lineal; Cutter; Schere

VORLAGEN

Siehe Seite 108: Motive 82 – 87

BASTELANLEITUNG

Aus Wellpappe zwölf Quadrate von 10 x 10 cm ausschneiden und mit blauem, rotem bzw. grünem Reborn-Karton bekleben.
Die Teile der einzelnen Tiere aus Tonpapier ausschneiden und zum Teil überlappend mit Klebestift auf die Karten kleben.
Die Flecken des Hundes und der Katze, die Hörner und Klauen der Kuh mit Farbstiften aufmalen. Augen, Nase und Maul mit einem schwarzen Filzstift einzeichnen.
Eine Tierkarte jeder Art wird in vier Teile geteilt: Mit einem Cutter die Quadrate diagonal durchtrennen.

Friedenstauben

ZIEL DES SPIELES

Die Taube ist auch Kindern schon als Symbol für den Frieden bekannt. Das gemeinsame Basteln oder „Erwürfeln" einer Friedenstaube soll helfen, Streitigkeiten in einem friedlichen Miteinander zu überwinden. Namenskärtchen, die den Tauben als Füße angeklebt werden, bestärken die Kinder in ihrem Vorsatz, friedlich miteinander umzugehen.

MITSPIELER

2 bis 3 Kinder ab 4 Jahren (bei 3 Kindern kommt das dritte Namenskärtchen in den Schnabel)

SPIELMATERIAL

Baum und Taube (Grundform und Einzelteile) s.u.; evtl. Würfel

Spielvorschläge

1. Gemeinsam basteln Kinder, die einen Streit beigelegt haben, eine Friedenstaube. Anschließend wird sie als sichtbares Zeichen des guten Willens an einen zuvor in Gemeinschaftsarbeit erstellten Baum gehängt. – Oder jedes Kind nimmt eine der gemeinsam gebastelten Tauben zur Erinnerung mit nach Hause.

2. Die Kinder können die Friedenstaube auch im Wechsel erwürfeln. Sie legen die erwürfelten Teile auf die Grundform.

3. Wenn es nicht um Versöhnung geht, darf auch um die Wette gewürfelt werden: Wessen Taube ist zuerst vollständig?
Für die beiden Füße braucht man jeweils eine Sechs.

Und so wird's gemacht

BASTELMATERIAL

Taube: weißes Papier mit den Einzelteilen der Friedenstaube und der Grundform; Tonkarton oder Tonpapier in Blau- und Grüntönen; Schere; Klebestift; schwarzer Filzstift
Baum: großer Karton; Kartoffel; Messer; Pinsel; Bastelfarben in Braun, Hellgrün, Blau

VORLAGEN

Siehe Seite 108: Taube: 88a – 88i

BASTELANLEITUNG

Taube: Die Grundform der Taube aus Tonkarton oder Tonpapier, die Einzelteile aus weißem Papier ausschneiden. Die weißen Teile zunächst alle auf die Grundform legen, dann ein Teil nach dem anderen auf der Rückseite mit Klebestift bestreichen und mit etwas Abstand zueinander aufkleben. Die Füße bestehen aus weißen Papierkärtchen, auf denen Namen eingetragen werden. An der Rückseite der Taube befestigen. Das Auge mit Filzstift einzeichnen.
Wenn man die weißen Einzelteile der Taube auf Tonkarton (hier mintfarben) klebt, ausschneidet und mit Zahlen von eins bis sechs versieht, hat man das Material für ein Würfelspiel.

Baum: Auf ein großes Stück Karton oder Papier wird ein Baum gedruckt und gemalt. Dazu eine Kartoffel glatt durchschneiden und aus der Schnittfläche eine Blattform herausschneiden. Diesen Blattstempel immer wieder mit Mischfarben aus Grün und Blau bestreichen und aufdrucken. Dabei in der Mitte der Baumkrone beginnen und dann um den Mittelpunkt herum weitere Blätter so aufsetzen, daß deren Spitzen nach außen zeigen. Zum Schluß wird der Stamm gemalt.

Lisa
Robert
Sandra
Tom
Sarah
Martin

Feuer - Wasser - Luft

ZIEL DER SPIELE

Bei dem Fühlspiel „Feuer – Wasser – Luft“ geht es darum, sich in die Lage eines anderen einzufühlen. Dies trägt ganz wesentlich zu einem besseren Verständnis der Mitmenschen bei und fördert die Hilfsbereitschaft.
Das Kind versetzt sich spielerisch in die Lage eines Blinden, der seinen Weg durch Ertasten suchen muß. Der Vergleich der Zeit, die ein Blinder bzw. ein Sehender für das Erreichen des Zieles benötigt, macht zusätzlich die Schwierigkeiten Behinderter deutlich.

MITSPIELER

Kinder ab 4 Jahren; ein Kind spielt – die anderen sind Beobachter und leisten Hilfe.

SPIELMATERIAL

Spielbrett s.u.; evtl. Augenbinde; evtl. Würfel und Barrieren s.u.

Spielvorschläge

1. Ein Kind versucht, mit geschlossenen Augen den Weg vom schwarzen Dreieck zum blauen Dreieck zu ertasten. Dabei stößt es immer wieder an „Grenzen“: an Feuerstellen (durch Plüsch gekennzeichnet), an Wasserstellen (glatte Folie), an Gruben (gezackter Rand) und an Barrieren. Das Kind wird feststellen, daß es sehr unsicher ist, wenn es sich nicht auf seine Augen verlassen kann.
Auf Wunsch können die anderen helfen, indem sie dem „blinden“ Kind den Weg beschreiben oder seine Finger führen.

2. Das gezeigte Spielfeld wird um Barrieren aus violettem Moosgummi erweitert. Man stellt sie auf Wegstrecken ohne „Fallen“ auf – dann kann das Würfelspiel beginnen. Die Regeln für die Ereignisfelder lassen sich immer neu festsetzen.

- „Feuer“: Du mußt stehenbleiben, wo du bist, und versuchen, beim nächsten Mal über die Feuerstelle zu springen.
- „Wasser“: Du fährst mit dem Boot über das Wasser, du darfst auf das grüne Feld vorrücken.
- „Grube“: Du fällst hinein und mußt beim Würfeln einmal aussetzen.
- „Barriere“: Wenn du vor einer Barriere stehst, brauchst du eine Drei, um darüberzuspringen.

Und so wird's gemacht

BASTELMATERIAL

Reborn-Karton in Grün, 50 x 70 cm; Moosgummi, 2 mm dick, in Grün, Blau, Schwarz, evtl. in Violett; Plüsch, kupferfarben; durchsichtige Folie; 10-Pfennig-Stück; kleine Nagelschere; Klebstoff

VORLAGEN

Siehe Seite 108: Barriere 89a – 89b

BASTELANLEITUNG

Grünen Reborn-Karton in der Mitte knicken oder durchschneiden und beide Hälften ganzflächig aufeinanderkleben. Dann ein Spielfeld von 32 x 45 cm ausschneiden.
Für das Start- und Zielfeld je ein rechtwinkliges Dreieck (7,5 x 7,5 cm x 10,6 cm) aus schwarzem bzw. blauem Moosgummi zuschneiden.
Für die Wege werden Kreise aus Moosgummi benötigt, und zwar 87 grüne, sechs blaue, sechs schwarze. (Jeweils ein 10-Pfennig-Stück auflegen und rundum die Überstände abschneiden.)
Sechs der grünen Kreise mit kupferfarbenem Plüsch bekleben, die blauen Kreise mit glatter durchsichtiger Folie überziehen, die schwarzen Kreise zunächst einmal zusammenfalten, um dann das Innere gezackt auszuschneiden.
Die Felder entsprechend dem Foto mit einem Kraftkleber aufkleben.
Barrieren für das Würfelspiel aus violettem Moosgummi ausschneiden und zusammenbauen.

Alle ziehen an einem Faden

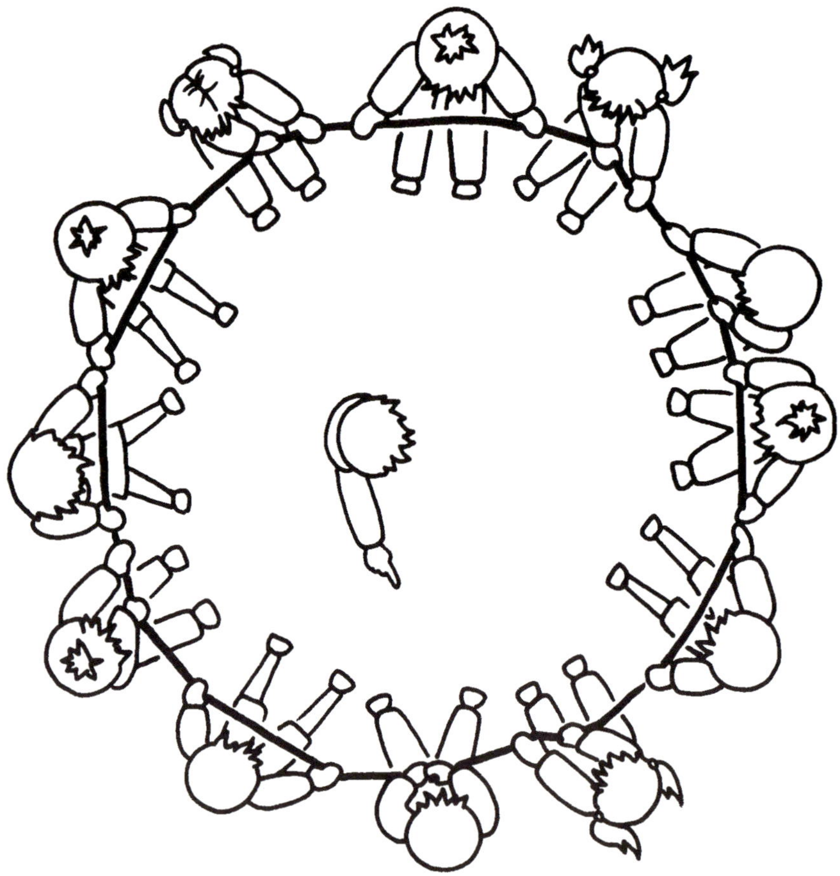

ZIEL DER SPIELE

Die Spiele auf diesen beiden Seiten sollen den Kindern bewußtmachen, daß gemeinschaftliches Handeln, rücksichtsvolles Verhalten und Absprachen schneller zum Erfolg führen.

Krabbelspinne

MITSPIELER

Gruppen mit Kindern ab 3 Jahren

SPIELMATERIAL

langer, möglichst reißfester Wollfaden, zu einem Ring geknotet; Spinne s.u.

Spielvorschlag

Die Kinder sitzen im Kreis und halten gemeinsam einen Ring aus einem Wollfaden, auf dem eine Perle als Spinne aufgefädelt ist. Sie wird, von den Händen verdeckt, auf dem Ring hin- und hergeschoben. Durch Handbewegungen verwirren die Spieler den Aufpasser in der Mitte des Kreises, der die Spinne finden soll.

Wird die Spinne entdeckt, muß der „Ertappte" als Aufpasser in den Kreis. Schwieriger wird es, die Spinne zu verstecken, wenn zwei oder drei Aufpasser im Kreis stehen. Wie lange gelingt es, die Spinne zu verbergen?

Und so wird's gemacht

BASTELMATERIAL

Perle mit großer Öffnung; Stift; Moosgummi in Schwarz; wasserfester Stift in Schwarz; Klebstoff

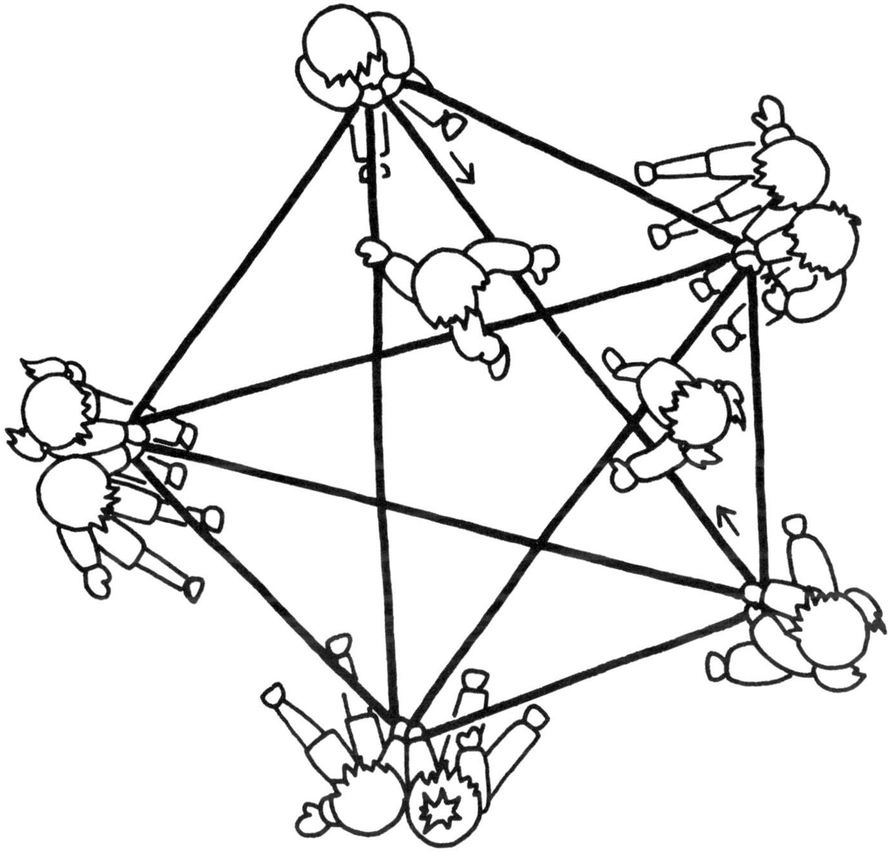

BASTELANLEITUNG

Eine weiße Perle auf einen Kreis aus schwarzem Moosgummi kleben. Aus dem Moosgummi rechts und links je vier Beine ausschneiden.
Schwarze Augen auf die Perle zeichnen.

Im Spinnennetz

MITSPIELER

pro Netz 10 Kinder ab 3 Jahren

SPIELMATERIAL

reißfester Wollfaden; evtl. Klebeband

Spielvorschlag

Zehn Kinder halten ein Spinnennetz aus einem reißfesten Wollfaden. Wie die Zeichnung verdeutlicht, wird der Faden zu einem Fünfeck gespannt (Seitenlänge ca. 1,60 m); je zwei Kinder sitzen an einer Ecke. Dann „weben" die Kinder ein Spinnennetz, indem sie sich den Faden kreuz und quer zuwerfen.
Das Spinnennetz soll sich bei Spielbeginn 10 bis 20 cm über dem Boden befinden. (Damit das Netz leichter zu halten ist, können die Fäden an den Ecken mit Klebeband zusammengeklebt werden.)
Jeder Mitspieler muß nun durch das Spinnennetz hindurch den Platz wechseln, ohne an die Fäden zu stoßen. Immer nur zwei Kinder können dann gleichzeitig ihre Plätze vertauschen, sonst wird es im Spinnennetz zu eng.
Wer den Faden berührt, muß zurück an seinen Standplatz und den nächsten Wechsel abwarten, bis er es noch einmal probieren darf. Mittlerweile kann ein anderes Kind versuchen, das Netz zu durchqueren. Wenn der Wechsel beendet ist, wird das Netz hochgehoben.
Rücksichtsvolles Verhalten, schnelle Absprachen, Kompromisse sind Voraussetzungen für das Gelingen des Spiels.
Das Spiel eignet sich auch gut zum Gruppenwettstreit.

Wir helfen Tieren

ZIEL DER SPIELE

Hier geht es darum, in Not geratenen Tieren durch umsichtiges, abgestimmtes Handeln zu helfen und ein rettendes Ziel zu erreichen. In diesem Zusammenhang bietet es sich an, eigene Erfahrungen und Überlegungen, wie Tieren geholfen werden kann, zu besprechen. Einen gestrandeten Wal zu retten ist in Wirklichkeit sehr schwierig – aber vielen anderen Tieren können wir helfen.

Hilfe für den Pinguin

MITSPIELER

Gruppen mit Kindern ab 3 Jahren

SPIELMATERIAL

Pinguin s.u; 2 Rundholzstäbe, 50 cm lang, und Eisscholle aus weißem Papier; oder Schnur und Würfel

HINWEIS

Die Spiele können sowohl im Raum als auch draußen gespielt werden.

Spielvorschläge

1. Die Kinder sitzen in U-Form. Das erste reicht den Pinguin auf einem Rundstab zum zweiten Kind und hilft so dem Pinguin, über die Eisberge (Beine der Kinder) zu kommen. Dann reicht es den Rundstab hinter dem Rücken des zweiten Kindes weiter an das dritte Kind …
Fällt der Pinguin, darf er nur mit dem Stab wiederaufgenommen werden. (Variante: Das Kind muß eine bestimmte Aufgabe erfüllen, z.B. ein Lied singen, bevor es den Pinguin aufnehmen darf.)
Das Spiel ist vorüber, wenn der Pinguin auf der Eisscholle am Ende der Kinderkette ankommt.

2. Mit demselben Pinguin kann man ein Würfelspiel machen.
Zwei Kinder halten eine lange Schnur, auf der in gleichmäßigen Abständen (etwa 10 cm) Knoten eingeknüpft sind.
Der Pinguin hängt zunächst in der Mitte. Eine Gruppe würfelt nun gleichzeitig mit einem einzelnen Kind um die Wette. Würfelt die Gruppe eine Sechs, rückt der Pinguin einen Knoten vor und damit seinem Ziel näher. Eine Sechs des einzelnen Kindes bedeutet „Gefahr": Der Pinguin muß einen Knoten zurück.

3. Das gleiche Material eignet sich für ein Wettspiel, bei dem es ums Zählen geht (Kapitel 2). Der Pinguin hängt zu Beginn wieder in der Mitte der Schnur.
Die Kinder bilden zwei Gruppen. Ein Kind aus der ersten Gruppe würfelt und schiebt den Pinguin vorwärts (Augen=Knoten), dann würfelt ein Kind aus der anderen Gruppe und schiebt ihn zurück.
Welcher Gruppe gelingt es, den Pinguin an das Ende des Seils zu befördern?

Und so wird's gemacht

BASTELMATERIAL

Moosgummi in Schwarz und Weiß, 2 mm dick, und Pink, 1mm dick; Hülle einer Zündholzschachtel; wasserfester Klebstoff; Dekorlack in Weiß und Schwarz; Schere

VORLAGEN

Siehe Seite 108: Pinguin 90a – 90c

BASTELANLEITUNG

Aus schwarzem Moosgummi zweimal den Pinguinkörper und je einmal die Flügel ausschneiden.
Die Hülle einer Zündholzschachtel um etwa 1 cm kürzen und zwischen die Bauchteile kleben.
Den weißen Bauch aus Moosgummi ausschneiden und vorne aufkleben, bevor die Flügel befestigt werden.
Die Füße an der Rückseite des hinteren Körperteils befestigen. Der Schnabel wird geknickt und das Unterteil angeklebt.
Die Augen mit Dekorlack auftupfen.

Die Rettung der Wale

MITSPIELER

4, 6, 8 oder mehr Kinder ab 3 Jahren

SPIELMATERIAL

Wale s.u.; Rundstäbe, 50 cm lang, mit Schlingen aus Fäden

HINWEIS

Das Spiel wird im Freien oder in einem großen Raum gespielt.

Spielvorschlag

Jeweils zwei Kinder legen die Schlingen, die von einem Rundstab herunterhängen, um den „gestrandeten" Wal und transportieren ihn vorsichtig über eine längere Strecke zu einem Wasserbecken.
Verlieren die Spieler den Wal, nehmen sie ihn mit Hilfe der Schlingen vom Boden auf.
Dieses Spiel kann im Wettlauf erfolgen oder einfach unter dem Motto stehen: Welche Gruppe schafft es, den Wal zum Wasser zu bringen, ohne daß er aus der Schlinge rutscht?
Am Ende des Spiels schwimmen die Wale auf der Wasseroberfläche.

Und so wird's gemacht

BASTELMATERIAL

Moosgummi, 2 mm dick, in Schwarz und Weiß; wasserfester Klebstoff; Schere

VORLAGEN

Siehe Seite 108: Wal 91

BASTELANLEITUNG

Mit wasserfestem Klebstoff den Bauch aus weißem Moosgummi zwischen zwei schwarze Lagen einkleben. Dann diese aufeinander befestigen. Das schwarze Auge und den weißen Fleck darüber ebenfalls aus Moosgummi ausschneiden und aufkleben.

Wie die Feuerwehr

ZIEL DER SPIELE

Gemeinsamkeit macht stark. Das zeigt sich unter anderem, wenn Menschen eine Kette bilden, um ein Feuer zu löschen. Die folgenden Spiele sollen den Kindern diese Erfahrung vermitteln. Wie wenig ein einzelner im Vergleich zu einer Menschenkette bewirkt, erleben die Kinder beim Bewegungsspiel.

Bewegungsspiel

MITSPIELER

Gruppen mit Kindern ab 3 Jahren

SPIELMATERIAL

2 Spielfelder, mit Klebeband und evtl. Wollfaden auf dem Boden markiert; Flammen aus rotem Seidenpapier; Eimer aus Papier oder Tapetenresten, 20 x 30 cm, mit blauen Wellen bemalt; evtl. Henkel aus Wollfäden

Spielvorschlag

Zwei Felder von 1 x 1,20 m mit Klebestreifen oder mit Wollfäden, die an den Ecken anklebt werden, auf dem Boden markieren. In die Felder Flammen aus rotem Seidenpapier kleben.
Jeder „Brandherd“ muß nun mit jeweils zwanzig Eimern abgedeckt werden: Ein Feuerwehrmann versucht, seinen Brand genauso schnell zu löschen wie eine Kette von Feuerwehrmännern, die vom Brandherd bis zum Brunnen mit den Eimern reicht. Der einzelne Feuerwehrmann darf nicht laufen, sondern nur gehen, da er sonst zuviel Wasser verschütten würde.

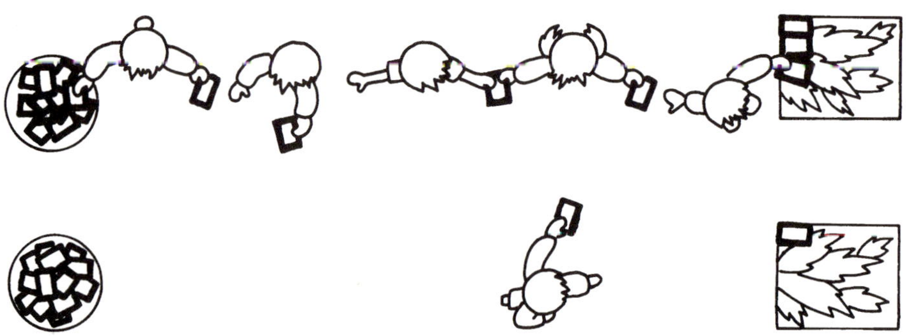

Brettspiel

MITSPIELER

höchstens 14 Kinder (mindestens 2)
ab 3 Jahren

SPIELMATERIAL

Spielbrett s.u.; Würfel; 12 Eimer aus blauem Fotokarton (6 x 5 cm); 12 Spielfiguren in 6 verschiedenen Farben

Spielvorschlag

Sechs, höchstens sieben Kinder bilden eine Gruppe.
Jede Gruppe bekommt sechs Spielfiguren, die zu Beginn auf einem rechteckigen blauen Feld stehen.
In beiden Gruppen wird nun parallel gewürfelt (jeweils das erste Kind, dann jeweils das zweite ...). Jedes Kind darf mit seiner Spielfigur entsprechend der Punktezahl auf den runden Feldern vor- und auch zurückgehen. (Grüne Felder können doppelt belegt werden.) Im Laufe des Spiels müssen die Figuren alle schwarzen Felder besetzen, um so eine Menschenkette zu bilden. (Würfelpunkte dürfen auch an einen Mitspieler verschenkt werden, wenn dieser dadurch ein schwarzes Feld erreicht. Man kann sie aber auch verfallen lassen.)

Bei jeder Sechs wird ein Eimer Wasser (eine blaue Karte) aus dem Brunnen genommen. Aber erst wenn die Menschenkette auf den schwarzen Feldern vollständig gebildet ist, dürfen die Eimer auf den Brandherd gelegt werden.

In jeder Gruppe kann ein siebter Mitspieler mitwürfeln, um beim „Wasserschöpfen“ zu helfen.
Gewürfelt wird so lange, bis eine Gruppe das Feuer gelöscht hat, das heißt das brennende Haus mit sechs Eimern bedeckt hat. (Jede Gruppe darf höchstens sechs Eimer nehmen.)
Wird das Spiel mit weniger Kindern gespielt, dürfen sie mit beliebigen Figuren fahren.

Und so wird's gemacht

BASTELMATERIAL

Reborn-Karton in Blau, 50 x 70 cm; Fotokarton in Dunkel- und Mittelblau, Maisgelb, Zitronengelb, Orange, Rubinrot, Schwarz; Moosgummi, 2 mm dick, in Grün, Schwarz, Grau; 10-Pfennig-Stück; Schere; Klebestift; Kraftkleber

VORLAGEN

Siehe Seite 108: Spielfeld 92

BASTELANLEITUNG

Den Reborn-Karton zunächst der Breite nach knicken oder durchschneiden, doppelt legen und die beiden Lagen ganzflächig zusammenkleben. Dann das 32 x 45 cm große Spielbrett ausschneiden.
Die Häuser aus Fotokarton ausschneiden und zusammen mit den dunkelblauen Feldern auf das Spielfeld kleben.
Mit einem 10-Pfennig-Stück als Schablone 24 grüne und 12 schwarze Kreise aus Moosgummi ausschneiden und auf das Feld kleben (Kraftkleber).
Zwei 10 x 4 cm große Rechtecke aus dunkelblauem Fotokarton als Anfangsfelder aufkleben; je nach Belieben die Ecken etwas abrunden.
Für den Brunnen „Steine“ aus grauem Moosgummi ausschneiden und zu einem Kreis zusammensetzen (Durchmesser außen 11 cm).
Im Inneren befinden sich zwölf Eimer (6 x 5 cm) aus mittelblauem Fotokarton.

Kommt zum Spielefest

ZIEL DER AKTION

Eine Gruppe lädt eine andere zu einem Fest ein, bei dem gemeinsames Tun im Vordergrund steht. Gruppenbildung, Bastel-, Tausch- und Spielaktionen führen hier nur zum Erfolg, wenn die Kinder sie gemeinsam angehen. So können die Kinder den Gedanken des sozialen Verhaltens, der ihnen bei den Vorschlägen in diesem Kapitel nahegebracht wurde, in die Tat umsetzen.

MITWIRKENDE

6 bis 24 Kinder ab 4 Jahren (manche Packeselspiele können bereits mit 2 Kindern gespielt werden); 1 oder 2 Erwachsene

Vorbereitung

Die Vorbereitung zu diesem Fest sollte möglichst gemeinsam mit Kindern erfolgen, um die soziale Komponente noch zu verstärken.

- Einladung: Die Gäste werden schriftlich oder mündlich zum Spielefest eingeladen.
- Tierkarten: siehe Seite 44/45.
- Basteltische für Gruppenarbeit mit Material: ein fertig erstellter Packesel, Material für weitere Esel (= Anzahl der Gäste), Schablonen, Hilfsmittel siehe Basteln.
- Spielmaterial: Laststücke für die Esel wie Knöpfe, Holzspießchen mit abgeschnittenen Spitzen, selbsterstellte Zeitungsröllchen siehe Packeselspiele; evtl. Schachteln, Stühle, Tische o.ä. für einen Parcours; evtl. kleine Gebäckstücke wie Salzstängelchen als Belohnung.
- Getränke und Gebäck: siehe Stärkung.

Spiele zum Kennenlernen

Falls sich nicht alle Kinder kennen, beginnt man mit einem Kennenlernspiel:

1. Die Kinder sitzen im Kreis. Das erste stellt sich vor: „Ich heiße Tim." Das zweite sagt seinen Namen und den des Nachbarn: „Ich heiße Julia. Und neben mir sitzt Tim." Das dritte Kind muß bereits drei Namen aufzählen: „Ich heiße Anke. Neben mir sitzen Julia und Tim." Und so geht es immer weiter …

2. Alle sitzen auf Stühlen im Kreis, ein Kind steht in der Mitte. Es tritt zu einem der anderen und stellt sich vor: „Ich heiße Tim. Wie heißt du? … Gehst du mit mir spazieren?"
Beide gehen eine Runde im Kreis und stellen sich getrennt voneinander weiteren Kindern vor. Wenn alle spazierengehen, ruft das erste Kind irgendwann: „Setzen wir uns!" Ein Kind wird keinen Platz finden. Es bleibt in der Mitte – das Spiel beginnt von neuem.

3. Bei diesem Spiel müssen die Namen schon einigen bekannt sein.
Wieder sitzen die Kinder im Kreis.
Eines beginnt zu „funken": „Tim ruft Erika!"
Erika geht auf Empfang, indem sie beide Hände als Empfangsschüsseln an die Ohren hält. Damit der Empfang wirklich gut wird, müssen auch die beiden Nachbarn eine Hand an das Ohr legen, das zu dem angefunkten Kind zeigt.
Wer nicht reagiert, muß sich umgekehrt auf den Stuhl setzen – und fällt als Empfänger aus (dreimal). Der nächste übernimmt dessen Aufgabe.
Jeweils das angefunkte Kind funkt weiter.

Spiel zur Gruppenbildung

Mit Hilfe des Spieles „Wer gehört zu mir?" (Seite 44/45) werden drei Gruppen gebildet.

Basteln

Nun beginnen die Kinder, Packesel zu basteln – und zwar so viele, wie es Gäste gibt. Ein bereits gefertigter Esel dient als Modell.
Zunächst werden nur die Einzelteile erstellt. Dazu zieht sich jede Gruppe an einen Tisch zurück und übernimmt eine ganz bestimmte Arbeit:

- Gruppe 1: Körper mit Kopf,
- Gruppe 2: Schwänze, Ohren, eventuell Augen,
- Gruppe 3: Beine.

BASTELMATERIAL

Reborn-Karton in Flieder; Tonpapier in Dunkelgrau; Tonpapier oder Filzstift in Schwarz; Rollen von Toilettenpapier; Lineal; Bleistift; Schere; Klebestift

VORLAGEN

Siehe Seite 108: Esel 93a – 93d

BASTELANLEITUNG

- Körper aus Reborn-Karton ausschneiden und falten. Die Knicklinien am besten vorprägen, damit saubere Kanten entstehen.
  Bei gleich großen Gruppen erstellt jedes Kind drei Körper. Wer frühzeitig fertig ist, bietet anderen seine Hilfe an.
- Schwänze, Ohren und, sofern sie später nicht aufgemalt werden, Augen aus Tonpapier ausschneiden.
  Jeder schneidet drei Schwänze, sechs Ohren und bei Bedarf sechs Augen aus.
- Toilettenpapierrollen für die Beine entweder bunt bemalen oder, wie hier, mit Tonpapier bekleben. Dazu Rechtecke von 15 x 9,7 cm über eine Tischkante ziehen, damit sie sich einrollen. Dann um die Papprollen kleben.
  Jeder fertigt sechs Beine.

Erst nach dem anschließenden Tauschmarkt werden die Esel fertiggestellt:
Den Schwanz an der Unterseite des Rückens ankleben, die Ohren oben am Hals. Augen ebenfalls aufkleben oder mit schwarzem Filzstift aufmalen.
Die Seitenflächen des Körpers an den Beinen festkleben.

Tauschmarkt

Die Kinder treffen sich zu einem großen Tauschmarkt: Sie bieten ihre selbstgefertigten Teile an und tauschen diese, bis jedes daraus einen Esel zusammenstellen kann.

Packeselspiele

Gruppenweise treten die Kinder nun im Wettstreit zu einigen der folgenden Spiele an. Entweder bleiben die Gruppen, wie sie waren. Oder die Kinder spielen noch einmal „Wer gehört zu mir?“ und bilden neue Gruppen.

1. Jede Gruppe belädt in einer bestimmten Zeit einen oder auch mehrere Esel mit Knöpfen, kleinen Zeitungsrollen, Holzspießchen o.ä.
Dabei darf ein Spieler nach dem anderen ein Teil auflegen. Fällt es herunter, wird es liegengelassen.
Welche Gruppe schafft es, die meisten Laststücke aufzuladen?
Eventuell kann man für jedes aufgeladene Stück ein Gebäckteilchen (Salzstängelchen o.ä.) vergeben. Die Kinder bewahren das Gebäck zunächst auf.
Varianten: Die Zeit spielt diesmal keine Rolle. Jeder Esel darf so lange beladen werden, bis ein Teil herunterfällt ...
Die Kinder beladen die Esel ganz vorsichtig mit verbundenen Augen. Die anderen Gruppenmitglieder geben Hinweise ...

2. In größeren Räumen oder im Freien kann auch für jede Gruppe ein Parcours aufgebaut werden aus Schachteln, Stühlen, Tischen ...
Die ersten Spieler nehmen ein Laststück, laufen oder gehen durch den Parcours, legen es am anderen Ende auf einem Esel ab und kehren wieder zurück. Dann kommt der nächste dran ...

3. Die Esel werden auf einen glatten Tisch gestellt. Nacheinander oder gleichzeitig versuchen die Kinder, je einen Esel, ohne daß er umfällt, über eine vorher festgelegte Ziellinie zu pusten.
Dabei muß der Esel von der Seite angepustet werden. Er bietet so dem „Wind“ zwar mehr Fläche, fällt aber auch leichter um.
Welche Gruppe bringt die meisten Esel ins Ziel?

BASTELMATERIAL

Zeitungsstreifen von 13 x 25 cm; Klebstoff; Bleistift; Schere

BASTELANLEITUNG

Zeitungsstreifen um einen Bleistift rollen. Die letzten 5 cm des Streifens mit Klebstoff einstreichen und festkleben. Dann den Stift herausziehen.
Unsaubere Enden können glatt abgeschnitten werden.

Zur Stärkung

Die Kinder kommen in großer Runde zusammen. Zur Stärkung gibt es Getränke, zum Beispiel Früchtetee, und ein paar Kleinigkeiten zum Knabbern. Gebäckteile, die als Belohnung ausgegeben wurden, können nun allen angeboten werden.

Zum Abschluß

Zum Abschluß bietet sich ein gemeinsames Lied über einen Esel an: „Ein kleiner Esel, der trampelt durch die Welt“ oder „Hopp, hopp, hopp, Esel, lauf Galopp“.
Die Kinder können dazu eine Polonaise bilden.
Als Erinnerung an das Spielefest darf dann jedes Kind einen Esel nach Hause mitnehmen.

Erzähl mir was

Mit den Spielen in diesem Kapitel lassen sich Sprache und Sprechen schulen: die Artikulation genauso wie der Wortschatz und das freie Sprechen. Kinder, die Sprachschwierigkeiten oder Sprechhemmungen haben, können diese im Spiel abbauen. Auch Sprachbarrieren ausländischer Kinder lassen sich im gemeinsamen Spiel leichter überwinden. Daneben wird gezeigt, daß es wichtig ist, Rücksicht zu nehmen, zuzuhören und nachzudenken, bevor man spricht.

Tiergespräche

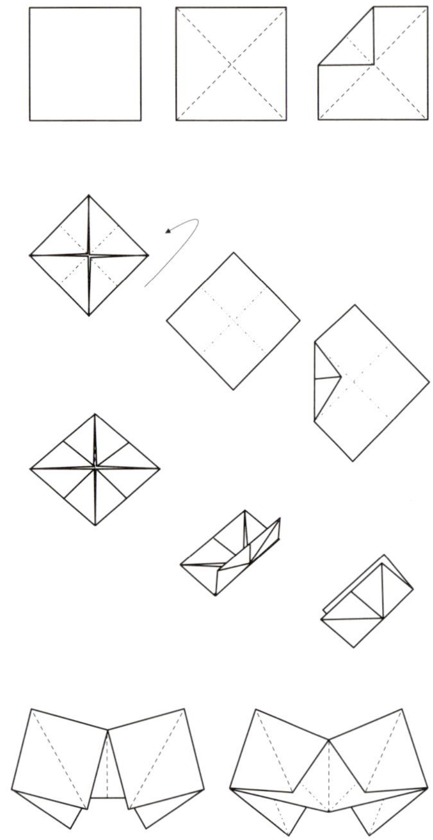

ZIEL DER SPIELE

Mit Hilfe von Tierhandpuppen können Kinder freies Sprechen üben. Oder ihre Stimmung ausleben, indem sie Tierlaute fröhlich, traurig oder auch wütend nachahmen. „Tiergespräche" helfen, Sprechhemmungen abzubauen. Mitunter tragen sie dazu bei, daß Kinder, die stottern, sich flüssig zu artikulieren lernen.

MITSPIELER

einzelne Kinder von 3 bis 8 Jahren, kleine und große Gruppen

SPIELMATERIAL

Handpuppen aus Tonkarton (Grundform „Himmel und Hölle") s.u.

Spielvorschläge

1. Die Spieler erzählen über die Handpuppen von sich und stellen sich den anderen vor. Das Krokodil sagt zum Beispiel: „Ich heiße Tim und habe eine Schwester … " So berichten die Kinder von ihrer Familie, wo sie wohnen usw.

2. Jeder Spieler hat eine Handpuppe. Die Tiere erzählen den anderen: wo und wie sie leben, was sie fressen, was sie gerne tun, wovor sie sich fürchten usw.
In kleineren Gruppen können sich je zwei Kinder miteinander unterhalten. Ist die Runde größer, erzählt immer nur ein Kind.

3. Während der Spielleiter eine kleine Geschichte erzählt, ahmen die Kinder die typischen Laute der Tiere nach und verleihen unterschiedlichen Stimmungen Ausdruck:
Es ist früher Morgen, die Tiere erwachen. Sie dehnen und recken sich und knurren wohlig. Manche schlafen noch mal ein. Leises Schnarchen ist zu hören …
Im Tierpark ist was los. Das Krokodil ist ausgebrochen. Die anderen Tiere sind unruhig. Der Frosch quakt vor Angst und warnt seine Familie. Der Löwe brüllt, weil er zeigen will, wie mächtig er ist. Der Hund bellt, um das Riesentier zu vertreiben. Da kommt das Krokodil und spricht mit ihnen, ganz freundlich und nett …
Die Katze hat Geburtstag. Alle Tiere kommen, um ihr ein Ständchen zu bringen. Jedes singt in seiner Sprache …

4. Ein Spieler läßt sein Tier den Anfang einer Geschichte erzählen, zum Beispiel: „Ich bin ein kleiner Löwe und lebe in einem Zoo. Einmal hat ein großes Auto vor meinem Käfig gehalten. Ein Mann hat ein Tier ausgeladen, das ich vorher noch nie gesehen hatte." Der zweite Spieler erzählt weiter: „Das war ich, Fritz, der Hase … " So soll eine Geschichte entstehen, an der alle Tiere beteiligt sind.

Und so wird's gemacht

BASTELMATERIAL

Tonpapier in Orange, Hell- und Dunkelgrün, Hell- und Dunkelbraun, Gelb, Schwarz, Rot, Weiß; bewegliche Kunststoffaugen, Ø 10 mm; Holzperle in Grün, Ø 20 mm; Fellstoff in Beige, langhaarig, und Braun; Filzstift in Schwarz; Klebstoff; Bleistift; Lineal; Schere; Puksäge

VORLAGEN

Siehe Seite 108: Krokodil 94a – 94c; Löwe 95a – 95c; Hase 96; Frosch 97a – 97b

BASTELANLEITUNG

Die Grundform aus Tonpapier, 30 x 30 cm, falten („Himmel und Hölle", siehe Zeichnungen). Dann je zwei nebeneinanderliegende Spitzen ganzflächig zusammenkleben, so daß ein Maul entsteht, das geöffnet und geschlossen werden kann.

Krokodil: Gesichtsteile auf Tonpapier übertragen und ausschneiden (Augengrundform aus doppelt geklebtem grünem Tonpapier fertigen).
Zunächst die Gesichtsteile auf den Kopf kleben. Augen zusammensetzen (grüne Grundform, gelbes Innenteil, Kunststoffauge), falten und ankleben.
Eine grüne Perle in der Mitte auseinandersägen und als Nase ankleben.
Die vier roten Gaumenteile in das Maul einkleben. Dann die Zahnreihen bündig anbringen.

Löwe: Ohren aus Tonpapier ausschneiden, entsprechend der Markierung zusammenkleben und am Kopf befestigen.
Die gesamte Kopffläche hinter den Ohren mit Fellstoff bekleben.
Den Fellstoff, der zwischen und vor den Ohren angebracht wird, kürzen.
Kunststoffaugen mit Augenunterteilen aus Tonpapier aufkleben.
Ober- und Unterteil der Schnauze aus Tonpapier ausschneiden, falzen, falten, zusammenkleben und gut trocknen lassen.
Sechs Barthaare, etwa 4 cm lang und 3 mm breit, ausschneiden, rechts und links in das obere Schnauzenteil einkleben. Die Schnauze ankleben, dann die Barthaare mit einer spitzen Schere noch einmal teilen.
Unter den Barthaaren mit Filzstift schwarze Punkte aufmalen.

Hase: Ohren aus Tonpapier ausschneiden, von einer Seite mit Fellstoff bekleben, falzen, falten und von hinten an den Kopf ankleben. Die Ohren nun nach vorne umklappen und die Klebestelle zusätzlich mit einer Heftklammer sichern. Dann die Ohren wieder nach hinten falten.
Augen ankleben.
Die Schnauze wie beim Löwen fertigen.
Schließlich noch sechs Barthaare (4 cm lang, 3 mm breit) einkleben.

Frosch: Gesichtsteile aus Tonpapier ausschneiden und aufkleben (Grundformen der Augen aus doppelt geklebtem Tonpapier fertigen). Kunststoffaugen auf die schwarzen Innenteile der Augen kleben.

Clown & Co.

ZIEL DER SPIELE

Mit Hilfe von Puzzlefiguren lernen die Kinder, Körperteile und Kleidungsstücke zu benennen. Um beim Spielen das Ziel zu erreichen, müssen die Kinder immer wieder kommunizieren.

MITSPIELER

3 bis 9 Kinder von 3 bis 8 Jahren

SPIELMATERIAL

Puzzlefiguren s.u.

Spielvorschläge

1. Die Teilnehmer bilden drei Gruppen. Jede Gruppe wählt eine Puzzlefigur, die sie zusammen auflegen möchte.
Die Puzzleteile liegen alle in einer Schachtel. Ein Spieler zieht mit geschlossenen Augen ein Puzzleteil und zeigt es. Wer erkennt, daß es zu der Figur seiner Gruppe gehört, sagt zum Beispiel: „Das ist der Fuß unseres Räubers." Daraufhin erhält die Gruppe dieses Teil.
Wird es falsch benannt, geht es zurück. Welche Gruppe hat als erste alle Teile ihrer Figur zusammengesetzt?

2. Alle Teile liegen offen auf dem Tisch. Gespielt wird reihum.
Der erste sagt zum Beispiel: „Ich nehme mir den Kopf vom Clown." In der nächsten Runde wählt dieser Spieler vielleicht den Arm des Räubers.
Es wird gespielt, bis drei lustige Figuren zusammengesetzt sind.

3. Die Puzzleteile werden gemischt und zu drei lustigen Figuren zusammengelegt. Jeder Spieler übernimmt eine Figur. Nacheinander tauschen die Spieler nun die Teile aus, um eine einheitliche Figur zu erhalten. Der erste reicht dem nächsten Spieler zum Beispiel ein Kopfteil und sagt: „Ich wünsche mir von dir den Kopf des Zauberers und gebe dir dafür den Kopf des Clowns."
Danach wendet sich der zweite an den dritten Spieler. So geht es reihum, bis jeder Spieler eine Figur passend zusammengelegt hat.
Hat der Nachbar kein passendes Teil, wird ein anderes getauscht. Allerdings darf kein Teil verlangt werden, das zu der vom Nachbarn gewählten Figur gehört.

4. Alle Teile liegen verdeckt auf dem Tisch. Von den drei Mitspielern (auch drei kleine Gruppen sind möglich) sucht jeder eine Figur aus, die er zusammensetzen möchte.
Nacheinander decken die Spieler nun je ein Puzzleteil auf. Paßt es zur gewählten Figur, muß es richtig benannt werden, dann erst darf der Spieler es zu sich nehmen. Falsch gezogene oder falsch benannte Teile werden zurückgelegt.
Wer seine Figur als erster vollständig zusammensetzen kann, gewinnt.

Und so wird's gemacht

BASTELMATERIAL

Fotokarton (300 g) in verschiedenen Farben; Tonpapier in verschiedenen Farben; Faltpapier in verschiedenen Farben; Bastelfolie in Gold; Feder in Schwarz; Papiertaschentuch; Filzstifte in Schwarz und Braun; Buntstifte in Rot und Grün; Klebstoff; Bleistift; Lineal; kleine Schere

VORLAGEN

Siehe Seite 108: Grundform 98a – 98g; Zauberer 99a – 99g; Clown 100a – 100h; Räuber 101a – 101f

BASTELANLEITUNG

Die Grundform für die drei Figuren ist gleich und wird jeweils aus Fotokarton ausgeschnitten.
Die Teile, die zusätzlich aufgeklebt werden, aus Fotokarton bzw. Tonpapier fertigen. Monde und Sterne für die Kleidung des Zauberers, Streifen und Karos für die Kleidung des Clowns (5 mm breit) aus

Faltpapier ausschneiden. (Tip: Klebstoff auf Pappe auftragen und einzelne Streifen so durch den Klebstoff ziehen, daß die Unterseite benetzt wird.) Gesichter und Hände mit schwarzem Filzstift und rotem bzw. grünem Buntstift bemalen.
Für den Zauberer ein Papiertaschentuch zuschneiden (eine Lage, 7 x 10 cm). In Längsrichtung an einem Ende falten und von hinten an die linke Hand ankleben.
Beim Räuber zusätzlich die Kleidung, das Diebesgut und den Sack mit schwarzen und braunen Filzstiften, die Strümpfe mit roten und grünen Buntstiften ausgestalten.
5 cm lange, 3 mm breite Folienstreifen als Kettenglieder ineinanderkleben. Das erste Glied der Kette von hinten an der linken Hand befestigen.

Rot und rund

ZIEL DER SPIELE

Die Kinder benennen Farben, Formen, Größen und Positionen (oben, unten, vorne, hinten, rechts, links …). Sie lernen zuzuhören, Handlungsbeschreibungen nachzuvollziehen und selbst zu formulieren.

MITSPIELER

2 bis 8 Kinder von 3 bis 6 Jahren (möglichst gleichaltrig)

SPIELMATERIAL

gebastelte oder beklebte fertige Schachteln (hier 8) in verschiedenen Größen, Formen, Farben s.u. (Bei den Spielen können Unterteile und Deckel auch getrennt eingesetzt werden.)

Spielvorschläge

1. Es werden zwei Spielgruppen mit zwei oder drei Kindern gebildet. Beide suchen sich einen Platz. Die eine bekommt Schachtelunterteile, die andere Deckel. Damit erstellen sie das gleiche Bauwerk (nach Vorlage oder Anweisung). Dann wird festgelegt, wie dieses umgebaut werden soll.
Jetzt treten die Gruppen in Wettstreit: Jeweils ein Kind nach dem anderen nimmt einen der „Bausteine“, versetzt ihn und beschreibt dabei, was es tut („Ich nehme das gelbe, große Dreieck und lege es neben das blaue, große Rechteck …“)
Welche Gruppe hat das Bauwerk zuerst fertig?

2. Wieder werden zwei Gruppen gebildet. Die eine nimmt die Schachtelunterteile, die andere die Deckel. Jede Gruppe bekommt Zeichnungen unterschiedlicher Bauwerke aus Schachteln. Jeweils der erste Spieler baut das Gebilde auf seiner Zeichnung mit Schachteln nach und beschreibt das Vorgehen. Ist er fertig, beginnt der nächste Spieler, nach seinem Plan zu bauen.
Die Gruppe, die zuerst alle Pläne richtig nachgebaut hat, gewinnt.

3. Gemeinsam errichten die Kinder ein Gebäude aus ganzen oder halben Schachteln. Ein Spieler schließt die Augen. Ein anderes Kind nimmt eine oder zwei Schachteln weg. Der Spieler öffnet die Augen und beschreibt, welche Schachteln fehlen. Schafft er es, darf er in der nächsten Runde die Schachtel(n) aus dem Bauwerk entfernen.

4. Zwei Gruppen zu je zwei Kindern spielen gegeneinander. Die beiden Gruppen sitzen voneinander entfernt.
Ein Spieler jeder Gruppe hat einen großen Karton vor sich. In dem einen Karton befinden sich Schachtelunterteile, in dem anderen Deckel. Der Mitspieler kann den Karton nicht einsehen, kennt aber die Teile, die darin sind. Er beschreibt sie nacheinander, das Kind mit dem Karton sucht sie entsprechend heraus und legt sie vor sich.
Welche Gruppe hat den Karton zuerst ausgeräumt?

Und so wird's gemacht

BASTELMATERIAL

Tonkarton in Gelb, Blau, Rot und Grün; Klebstoff; Bleistift; Lineal; Schere

VORLAGEN

Siehe Seite 108: 102 – 107

BASTELANLEITUNG

Die im Vorlagenteil abgebildeten kleinen Schachteln verdoppeln, um große Schachteln zu erhalten.
Jeweils Unterteil und Deckel auf Tonkarton übertragen und ausschneiden. Die eckigen Schachteln entlang den eingezeichneten Linien falzen und falten, dann zusammenkleben.
Bei den runden Schachteln die Klebefalze der Wände einschneiden, rechtwinklig umknicken und auf die Kreise aufkleben. Gut trocknen lassen.

Labyrinth

ZIEL DER SPIELE

Die Kinder üben, anderen genaue Wegbeschreibungen durch ein Labyrinth zu geben bzw. sich an Wegbeschreibungen anderer zu halten.
Das Labyrinth kann auch von einem einzelnen Kind zum Spielen genutzt werden: Es versucht, sein Pferd zum richtigen Ort zu führen, und beginnt dabei mit anderen Tieren einen Dialog.

MITSPIELER

bis zu 3 Kindern von 3 bis 8 Jahren

SPIELMATERIAL

Spielfeld (Labyrinth) mit festgeklebten Tieren, Stauden, Bäumen und Stall, als Spielfiguren Pferde s.u.; evtl. Würfel

Spielvorschläge

1. Das Labyrinth kann für ein einzelnes Kind als Rollenspiel dienen: Das Kind beschreibt den Weg, den die Pferde nehmen. Dabei spricht es auch mit den anderen Tieren.

2. Ein Kind beschreibt den Weg, während ein anderes Kind das Pferd führt.
Vorher kann vereinbart werden, daß man das Pferd falsch dirigieren darf. Der geführte Spieler muß diesem Weg nicht folgen, wenn er nicht zum Ziel führt.

3. Zwei oder drei Kinder spielen mit. Jedes nimmt ein Pferd und stellt es an einen der Wege, die am Spielfeldrand beginnen. Dann würfeln die Kinder reihum und rücken mit ihren Pferden um so viele Längen vorwärts, wie der Würfel Punkte zeigt. Dabei beschreiben sie den Weg. Welches Pferd kommt als erstes zur Koppel in der Mitte? Nicht nur das Würfelglück entscheidet: Es gilt auch, den kürzesten Weg zu finden.

Und so wird's gemacht

BASTELMATERIAL

Fotokarton (300 g) in Mittelgrün; Tonkarton in verschiedenen Farben; Filzstifte in verschiedenen Farben; Klebstoff; Bleistift; Lineal; Schere

VORLAGEN

Siehe Seite 108: 108 – 122

BASTELANLEITUNG

Das Labyrinth kann beliebig groß gefertigt werden. Das abgebildete Spielfeld hat eine Grundfläche von 50 x 70 cm.
Erst nach dem Bekleben wird die Grundfläche abgerundet.
Für die Wegbegrenzungen 50 cm lange Streifen aus Tonkarton aneinandersetzen: der Länge nach einen Rand von 1 cm umknicken, 1 cm breite Klebelaschen einschneiden und im Wechsel in entgegengesetzter Richtung falten.
Die Wege werden so angeordnet, daß nur einer zum Stall führt. Alle anderen münden in eine Sackgasse oder führen aus dem Spielfeld hinaus.
Hier geht man folgendermaßen vor: Mit Bleistift zunächst den Grundriß des Stalls aufmalen, dann die Anordnung der Wege, dabei von der Mitte des Spielfeldes (Pferdekoppel) ausgehen.
Die Zäune so aufkleben, daß der Weg mindestens 4 cm breit ist. (Falze mit Klebstoff einstreichen, berührtrocken werden lassen, aufkleben und andrücken.)
Bäume, Sträucher, Figuren und Stallwand aus Tonkarton ausschneiden und mit Filzstift bemalen. Die Baum- und Tiergruppen dort aufkleben, wo zwischen den Wegen freie Flächen sind.
Teiche und Suhle entsprechend dem Platz auf dem Spielfeld zuschneiden. Die Teiche auf hellgrünen Karton aufkleben; nach dem Zuschneiden bildet dieser einen Wiesenrand.
Die Weide wird mit Grasbüscheln und bunten Blumen ausgestaltet.
Auf das Stallgebäude ein Dach von 8 x 15 cm aufkleben.

Pinguin auf Reisen

ZIEL DER SPIELE

Die Kinder sollen mit Hilfe verschiedener Spielelemente zu einer bestimmten Figur – hier einem Pinguin – Geschichten erfinden und frei erzählen. Diese Geschichten können auch in einer Gruppe entstehen: Dann spinnt jedes Kind die Handlung ein Stück weiter.
Dialoge beleben die Geschichte und fördern das Kommunikationsvermögen der Kinder.

MITSPIELER

einzelne Kinder von 3 bis 13 Jahren oder Gruppen

SPIELMATERIAL

Spielfiguren und -zubehör aus Tonkarton s.u.

Spielvorschläge

1. Ein einzelnes Kind kann sich mit dem Pinguin, den anderen Tierfiguren, verschiedenen Requisiten und Landschaftselementen im Rollenspiel üben. Es kann dabei Phantasien ausleben und seine Sprache und Ausdrucksweise trainieren.

2. In einer Kindergruppe können die Ideen aller zu einer gemeinsamen Geschichte ausgebaut werden.
Im Mittelpunkt steht der Pinguin.
Die anderen Spielelemente werden verteilt.
Das erste Kind läßt den Pinguin zum Beispiel auf dem Eisberg agieren und erzählt eine kleine Begebenheit dazu. Eventuell schafft es bereits eine Überleitung zum nächsten Kind, das die Geschichte fortsetzt und dabei sein Spielzubehör mit einbaut ...

3. Die Spielfiguren und -elemente lassen sich beliebig erweitern. Beispielsweise durch Tiere verschiedener Länder.
Dann kann ein Kind die Sprechrolle des Pinguins übernehmen, der auf Reisen geht und unterwegs andere Tiere trifft. Sie reden miteinander, freunden sich vielleicht an und setzen den Weg gemeinsam fort.

Und so wird's gemacht

BASTELMATERIAL

Tonkarton in verschiedenen Farben; runde Zahnstocher aus Holz; Holzperlen 15 mm Ø; Pfeifenreiniger in Schwarz; Filzstift in Schwarz; Klebstoff; Bleistift; Lineal; Schere

VORLAGEN

Siehe Seite 108: Tiere 123 – 128; Brücke 129a – 129b

BASTELANLEITUNG

Tiere: Alle Teile aus Tonkarton ausschneiden. Die beiden Körperteile jeweils an den gekennzeichneten Flächen zusammenkleben.
Damit die Figuren gut stehen können, am unteren Körperrand (siehe Einzeichnung) Holzperlen befestigen: Bei Delphinen und Seehunden je eine Perle einkleben, beim Pinguin drei, beim Fisch zwei Perlen.
Beim Pinguin und Fisch die Perlen zunächst auf einen Zahnstocher stecken und die überstehenden Enden abschneiden. Dann einkleben.
Aus Pfeifenreinigern Stock und Fliege biegen.
Halterungen für Stock und Blumenstrauß (Vorlagen 123b) an der Innenseite der Arme befestigen.

Spielelemente: Brückenteile aus Tonkarton ausschneiden, falzen, falten und zusammenkleben. Das Brückenunterteil mit einem 15 x 30 cm großen Stück Tonkarton bekleben.
Die Eisscholle aus Tonkarton von 30 x 35 cm Größe zurechtschneiden. Auf der Unterseite wird ein Rand befestigt, der die Scholle erhöht. Den Rand aus mehreren Streifen von 2 cm Breite zusammensetzen: Die Streifen in der Mitte falzen, um einen Kleberand zu erhalten; Klebelaschen (ca. 1 cm breit) einschneiden und aufrichten und etwa 5 mm von der Kante entfernt unter die Eisscholle kleben. Die Klebefalze zeigen dabei nach innen.
Für den Eisberg zwei Rechtecke von 33 x 36 cm zuschneiden (siehe Foto), das eine Teil von unten, das andere von oben bis zur Hälfte einschneiden, dann beide Teile ineinanderstecken.
Den Boden aus einer 40 x 40 cm großen Tonkartonfläche, ähnlich der Eisscholle, ausschneiden und darunterkleben. Dazu Nahtstellen mit Klebstoff einstreichen, etwas antrocknen lassen und fest zusammendrücken.

Im Radio

ZIEL DER SPIELE

Die Kinder sollen sich zu bestimmten Themen Gedanken machen und diese in kurzen Sätzen vortragen. Und zwar so, als wenn sie im Radio „auf Sendung“ wären.

MITSPIELER

beliebig viele Kinder von 4 bis 12 Jahren

SPIELMATERIAL

Radio aus Tonkarton mit Senderwahlknopf, Symbolkarten, Mikrofon s.u.

Spielvorschläge

1. Ein Spieler dreht blind am Senderwahlknopf des Radios.
Im Sichtfenster erscheint eine Farbe. Der Spieler nimmt eine Symbolkarte in der vorgegebenen Farbe und spricht zu dem dazugehörenden Thema:

- Wettermotiv – Wetternachrichten,
- Pflanzen, Tiere, Fahrzeuge – Reportagen,
- Nahrungsmittel – Kochrezepte und Gesundheitstips,
- Mikrofon – Interviews.

Die Symbole bzw. Themen lassen sich beliebig erweitern:

- Sportgerät – Sportberichte,
- Noten, Musikinstrumente – Singen und Musizieren …

2. Jeweils ein Reporter und ein Interviewpartner treten zusammen auf.
Der Reporter dreht am Senderwahlknopf, zieht eine Karte in der entsprechenden Farbe und interviewt seinen Partner zu dem dazugehörenden Thema.
Zieht der Reporter eine weiße Karte mit Mikrofon, stellt er Fragen zur Person (oder sucht ein beliebiges Thema aus).

Und so wird's gemacht

BASTELMATERIAL

Tonkarton in verschiedenen Farben; 4 Musterbeutelklammern; Regenbogenball (Schaumstoff) 5 cm Ø; Neonschnur; 2 Tubenschraubverschlüsse; Neonfarben in Orange und Grün; Filzstifte in verschiedenen Farben; Malglitter und Pinsel; Klebstoff; Bleistift; Lineal; Zirkel ; Schere

VORLAGEN

Siehe Seite 108: Radio 130 133;
Karten 134 – 151

BASTELANLEITUNG

Radio: Das Gehäuse (50 x 60 cm) entsprechend der Zeichnung aus Tonkarton ausschneiden und mit einer Scherenspitze Löcher für die Musterbeutelklammern

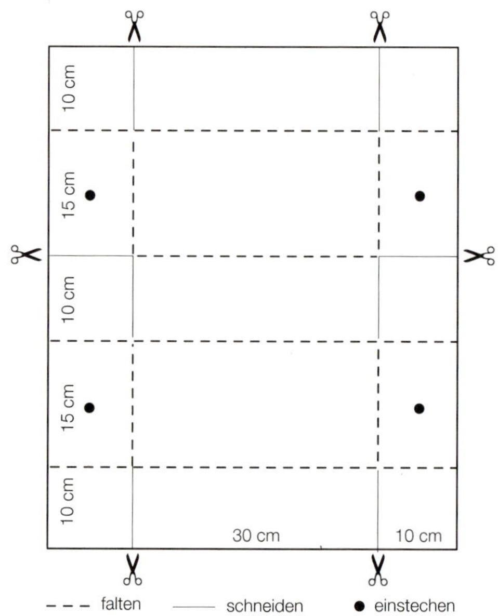

einstechen und etwas runden. Das Gehäuse zunächst, ohne es zu kleben, aufbauen.
Dann einen Tragbügel von 60 x 2,5 cm aus doppelt geklebtem Tonkarton fertigen.
Reglerknöpfe, Kassettenschacht und Senderskala aus Tonkarton ausschneiden, mit Neonfarben und schwarzem Filzstift ausgestalten.
Die Farbscheibe des Senderwahlknopfes anmalen. Diese Farben müssen mit den Farben der Symbolkarten übereinstimmen.

Für die Lautsprecher zwei Kreisflächen von 12 cm Ø mit Glitter bemalen, trocknen lassen.
Vor dem Zusammenkleben des Radios Regler und Bügel mit Musterbeutelklammern befestigen, die anderen Teile aufkleben. Tubenverschlüsse über die Musterbeutelklammern der Regler kleben.

Mikrofon: Neonschnur unten in einen Regenbogenball einkleben.
Tonkarton mit einer Abmessung von 10 x 20 cm in Längsrichtung nach jeweils 2 cm falzen und falten; dann zu einer vierkantigen Halterung zusammenkleben. Die Neonschnur durch die Halterung ziehen und den Ball festkleben.

Symbolkarten: Zu jeder Farbe können beliebig viele Spielkarten gefertigt werden. Einige Symbole sind auf der Vorlage zu finden. Sie werden aus Tonkarton ausgeschnitten, mit Filzstiften ausgestaltet und auf die Karten geklebt.

Achtung, Aufnahme!

ZIEL DER AKTION

Bei den vorausgegangenen Spielen haben sich die Kinder auf unterschiedliche Weise mit Sprache und Sprechen auseinandergesetzt. Sie haben sogar Radiointerviews und -meldungen geübt.
Jetzt, zum Abschluß, kommt der eigentliche Höhepunkt: mit Aufnahmen auf Band, mit Publikum und Applaus und mit einer Jury.
So erhält die „Arbeit" der Kinder einen hohen Stellenwert.
Spielcharakter und Spaß bleiben gleichzeitig gesichert.

MITWIRKENDE

größere Gruppen mit Kindern ab 4 Jahren; mindestens 1 Erwachsener

Vorbereitung

Für diese Aktion sollte folgendes vorbereitet werden:

- „Tonstudios": Drei bis sechs Kassettenrecorder mit Leerkassetten und Mikrofon stehen zur Verfügung und werden in separaten Räumen aufgestellt. Dort sind auch Stühle für die Kinder vorhanden.
- Imbiß: Plätzchen, Törtchen oder Eis, Kakao, Milchshake oder Limonade.
- Mikrofon und Anstecker als Gewinn und Belohnung: siehe Wettbewerb.

Zur Aufnahme, bitte!

Die Kinder bilden drei bis sechs Gruppen, für die jeweils ein Tonstudio bereitsteht. Zuvor wird festgelegt, was in den einzelnen Tonstudios aufgenommen wird, zum Beispiel:

- Studio 1: Lieder oder Melodien, zu denen nur Selbstlaute (a, e, i, o, u, ä, ö, ü) gesungen werden,
- Studio 2: Interviews,
- Studio 3: Witze oder lustige Begebenheiten,
- Studio 4: Geschichten zur Kinderstunde,
- Studio 5: Urlaubserlebnisse,
- Studio 6: Phantasiegeschichten – der erste beginnt, der zweite fährt fort ...

Jede Gruppe entscheidet sich für ein Tonstudio. Dort nehmen alle Platz. Einzeln, paarweise oder in kleineren Gruppierungen tragen die Kinder etwas vor. Sie wählen den Beitrag selbst oder ziehen eine Bildkarte (siehe Seite 72/73) und orientieren sich daran.
Die anderen verhalten sich während der Aufnahme ruhig; nach dem Beitrag spenden sie Beifall.
Bei älteren Kindern kann die Aktion verlängert werden, indem jede Gruppe in mehrere Tonstudios geht.

Pause

Bei einem kleinen Imbiß haben die „Stars" Gelegenheit, sich auszuruhen und ihre Erlebnisse auszutauschen.

Der große Wettbewerb

Alle Teilnehmer versammeln sich in einem Raum. Bevor sie die einzelnen Beiträge hören, wird eine Jury gebildet. Dazu wählt jede Gruppe ein Kind.
Ein Moderator (Erwachsener) macht die Ansage. Der jeweilige Interpret kommt nach vorne. Nach dem Beitrag gibt es wieder Applaus. Und jedes Mitglied der Jury darf ein bis zehn Punkte vergeben (eventuell Chips aus Moosgummi).
Wer am Schluß die meisten Punkte hat, bekommt als Auszeichnung ein goldenes Mikrofon überreicht.
Jeder Teilnehmer erhält zur Erinnerung eine Anstecknadel mit einem Mikrofon.
Zum Ausklang der Aktion können die Kinder nun noch einmal die aufgenommenen Melodien und Lieder abspielen und dazu tanzen.

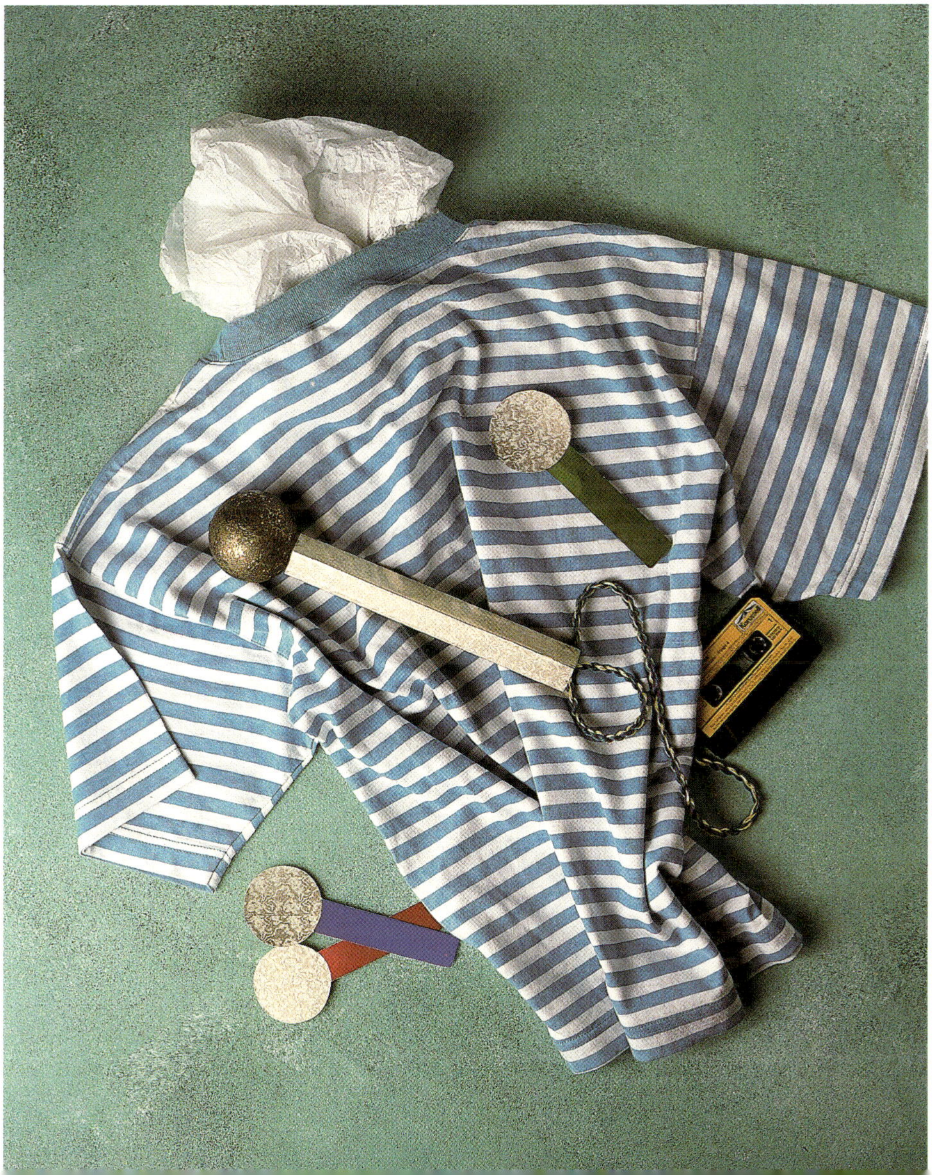

BASTELMATERIAL

Goldenes Mikrofon: Tonkarton in Weiß; Leuchtfolie; Styroporkugel 6 cm Ø; Baumwollgarn; Bastelfarbe in Gold; Paillettenglanz in Gold; Bleistift; Lineal; Schere; Pinsel; Klebstoff
Anstecker: Tonkarton in Weiß; Bastelfolie; Leuchtfolie in Gold; Anstecknadeln; Klebstoff; Schere

VORLAGEN

Siehe Seite 108: Anstecker 152

BASTELANLEITUNG

Goldenes Mikrofon: Wie auf Seite 72/73 beschrieben. Jedoch Tonkarton vor dem Falzen mit Leuchtfolie bekleben.
Styroporkugel mit Goldfarbe bemalen; mindestens drei Stunden trocknen lassen. Paillettenglanz auftragen und wieder gut trocknen lassen.
Aus Baumwollgarn eine 70 cm lange Schnur drehen.

Anstecker: Mikrofone aus Tonkarton ausschneiden. Den Griff mit bunter Bastelfolie, die Köpfe mit Leuchtfolie bekleben.
Auf der Rückseite Anstecknadeln anbringen.

Schau links, schau rechts

Hier geht es um Verkehrserziehung. Die Kinder erfahren, daß es im Straßenverkehr Regeln gibt. Sie lernen im Spiel das Unterscheiden von rechts und links, die Bedeutung der Farben Rot, Grün, Gelb und der wichtigsten Verkehrszeichen. Sie setzen sich mit der Verkehrssituation ihrer Umgebung auseinander. Und sie lernen, daß sie unterwegs immer aufmerksam bleiben müssen: etwa weil ein Autofahrer ein anderes Blickfeld hat als ein Fußgänger, weil man im Dunkeln schlecht gesehen wird, weil jeder Zeit braucht zum Reagieren …

Links und rechts

ZIEL DER SPIELE

Die Kinder üben sich darin, rechts und links zu unterscheiden. Und sie lernen, daß diese Unterscheidung im Straßenverkehr von Bedeutung ist: Beim Überqueren schaut man erst links, dann rechts. Beim Fahren hält man sich rechts. Überholt wird links. (Radfahrer fahren an stehenden Autos rechts vorbei.) An Kreuzungen ohne gesonderte Regelung gilt: rechts vor links.

MITSPIELER

kleine oder große Gruppen mit Kindern ab 3 Jahren; Spielleiter

SPIELMATERIAL

pro Kind zwei sich farblich unterscheidende Bommelpuppen s.u.; evtl. Musik

Spielvorschläge

Die Kinder binden an jede Hand eine Bommelpuppe: eine gelbe an die rechte Hand, eine blaue an die linke Hand.

1. Die Kinder bilden Paare. Der Spielleiter gibt vor, was die Kinder mit den Händen tun.

- Ihr steht euch gegenüber. Alle Hände fassen sich: Rechts trifft Links.
- Ihr steht hintereinander. Alle Hände fassen sich: Rechts trifft Rechts, Links trifft Links.
- Ihr steht euch gegenüber. Zwei Hände fassen sich: Rechts trifft Rechts. Danach: Links trifft Links.
- Ihr steht nebeneinander. Zwei Hände fassen sich: Rechts trifft Links.
- Ihr steht nebeneinander. Zwei Arme hängen sich ein: Rechts trifft Links.
- Ihr steht euch gegenüber. Zwei Arme hängen sich ein: Rechts trifft Rechts. Danach: Links trifft Links.

2. Die Kinder fassen sich in einer vorgegebenen Art an den Händen oder hängen sich ein und bewegen sich zu einer Melodie. Hört die Musik auf, so wird eine andere Form des Anfassens gewählt.

- Die Kinder können im Rhythmus der Melodie mitsprechen, welche Seiten sich treffen: „Rechts – rechts" … „Links – links" …
- Treffen sich gleiche Hände, kann dies durch Stampfen begleitet werden, bei ungleichen Händen durch Trippeln.

3. Die Kinder sitzen in einem Stuhlkreis, ein Stuhl ist leer.
Ein Spieler steht im Kreis und beschreibt einen beliebigen Weg: „Zuerst geht ihr geradeaus über den Marktplatz" …
Solange die anderen geradeaus gehen oder fahren sollen, trippeln sie mit den Füßen. Sagt der Spieler aber beispielsweise: „Dann biegt ihr ab nach rechts …" (gleichzeitig streckt er den rechten Arm aus), rückt das Kind links vom leeren Stuhl nach rechts. Die anderen rücken nach, während der Spieler in der Mitte versucht, einen Platz zu erwischen. Gelingt es ihm, muß das Kind, das zu lange gezögert hat, in die Mitte.

4. Die Kinder sitzen um einen Tisch. Ein Spieler gibt „Befehle". Er sagt zum Beispiel: „Das Auto (Fahrrad …) fährt und fährt …" Die anderen trommeln gleichzeitig mit den Fingerspitzen auf dem Tisch.
Wird statt eines Fahrzeugs ein anderer Gegenstand genannt („Der Schrank fährt …"), halten die Kinder inne. Ebenso wenn ein Fahrzeug an eine rote Ampel kommt.
Bei Grün geht's weiter. Biegt das Fahrzeug ab („Das Auto biegt ab nach rechts …"), heben die Kinder den entsprechenden Arm hoch.
Wer etwas falsch macht, scheidet aus oder gibt ein Pfand ab und erteilt dann selbst Befehle.

5. Die Kinder erproben Verkehrssituationen im Spiel:

- Aus Stühlen, Tischen und Kreppapierstreifen werden Straßen mit Kreuzungen gebaut.
  Die Kinder verteilen sich auf den Straßen und bewegen sich zu einem Rhythmus oder einer Melodie. Der Spielleiter gibt

Anweisungen. Zum Beispiel: „Bei der nächsten Kreuzung links." – Die Kinder strecken den linken Arm aus und biegen ab … Dabei sind Vorfahrtsregeln zu beachten.
Eventuell scheiden Kinder, die einen Fehler machen, aus.

- Die Kinder bewegen sich frei in dem Parcours. Der Spielleiter gibt nur einem oder zwei von ihnen Anweisungen, welchen Weg sie nehmen sollen.
- Wieder sind die Kinder in dem Parcours unterwegs. Ein Spieler soll von einem bestimmten Startpunkt aus zu einem Ziel gehen. An jeder Kreuzung sagt er, wer hier Vorfahrt hat, begründet dies und streckt dabei die rechte bzw. linke Hand aus.
Schafft es der einzelne Spieler, ohne Fehler ans Ziel zu gelangen? Natürlich versuchen die anderen, so oft wie möglich seinen Weg zu kreuzen.
- Diesmal gehen alle kreuz und quer durch einen freien Raum (evtl. zu einem bestimmten Rhythmus). Wer von rechts kommt, hat immer „Vorfahrt". Wenn ein Kind von links „auffährt", scheidet es aus.

Und so wird's gemacht

BASTELMATERIAL

Wolle in Gelb und Blau; Kartonreste; Filzreste; Gummilitze mit Knopflöchern, ca. 15 cm; Klebstoff; Schere; dicke stumpfe Wollnadel

VORLAGEN

Siehe Seite 108: Gesicht 153a – 153c

BASTELANLEITUNG

Je zwei Ringe aus Karton ausschneiden: äußerer Durchmesser 5 cm, innerer Durchmesser 1,5 cm.
Einen langen Wollfaden durch eine Nadel ziehen; die Scheiben aufeinanderlegen und mit dem doppelten Faden von der Mitte aus strahlenförmig umwickeln, bis die Öffnung gefüllt ist.
Vorsichtig mit einer Schere zwischen die Pappscheiben fahren und die Wolle ringsum aufschneiden.
Ein doppelt gelegtes Wollstück fest um die Fäden zwischen den Pappscheiben wickeln und verknoten. Die Enden dieses Wollstücks später zum Befestigen der Gummilitze verwenden.
Man kann die Pappscheiben nun aufschneiden und entfernen.
Den Wollbommel eventuell noch etwas egalisieren, dann in der Mitte der Gummilitze befestigen.
Ein Gesicht aus Filzresten aufkleben. Ein Rechteck von 5 x 3 cm in der Mitte abbinden und als Schleife ankleben.

Gelb, rot, grün

ZIEL DES SPIELES

Die Unterscheidung von rechts und links wird vertieft. Außerdem lernen die Kinder die Bedeutung der Farben Rot, Grün, Gelb im Straßenverkehr kennen.

MITSPIELER

2 bis 6 Kinder ab 3 Jahren

SPIELMATERIAL

Spielfeld und Spielfiguren s.u.;
Punktewürfel

Spielvorschlag

Zunächst wird ein beliebiger Spielparcours aus bunten Farbkärtchen gelegt. Dabei ist folgendes zu beachten:

- Der Parcours beginnt am Start mit einer Straße, die sich dann immer wieder einmal zweigt.
- An jede Kreuzung kommt ein gelbes Kärtchen mit Richtungspfeilen, die zwei mögliche Richtungen ausweisen.
- Alle Straßen sollen zum Ziel führen.

Jedes Kind wählt einen kleinen Fahrradfahrer als Spielfigur.
Dann wird reihum gewürfelt. Pro Würfelpunkt darf der Radfahrer um ein Farbkärtchen weiterfahren.
Kommt er über oder auf ein gelbes Kärtchen, so heißt das „Hab acht“: Der Spieler zieht eine Aktionskarte. Sie zeigt an, ob er nach rechts oder nach links weiterfahren muß.
Kommt er auf Rot, muß er anhalten und eine Runde aussetzen.
Kommt er auf Grün, darf er noch einmal würfeln und gleich weiterfahren.
Wer zuerst ans Ziel kommt, hat gewonnen.

VORLAGEN

Siehe Seite 108: Start 154;
Ziel 155a – 155b; Aktionskarte 156

Und so wird's gemacht

BASTELMATERIAL

Fotokarton in verschiedenen Farben; Biegeplüschdraht (Chenilledraht) in verschiedenen Farben, jeweils ca. 30 cm lang; Korkscheiben, ca. 1 cm dick; Filz- und Wollreste; Wattekugel, 1 cm Ø; Klebstoff; schwarzer Filzstift; Schere; dicke Nadel

BASTELANLEITUNG

Spielfeld: Aus Fotokarton in verschiedenen Farben Kärtchen von 2,5 x 2,5 cm anfertigen. Die gelben Farbkärtchen erhalten Pfeile, die nach rechts und links zeigen. Start und Ziel aus Fotokarton zuschneiden und die einzelnen Teile zusammenkleben.

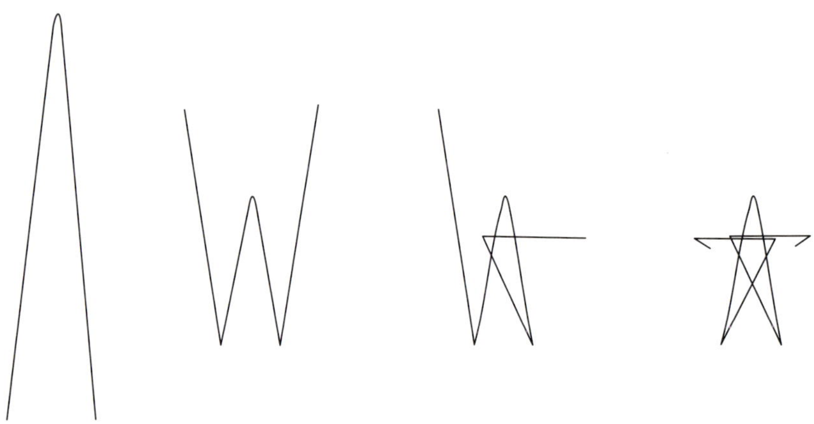

Aktionskarten von 7 x 7 cm zurechtschneiden und Richtungspfeile aufmalen.

Fahrräder: Die Fahrräder bestehen aus zwei Korkscheiben, die in der Mitte durchbohrt werden.
Biegeplüschdraht etwa 3 cm weit durch das Loch des Hinterrades ziehen.
Die Drahtteile waagrecht nach vorne um das Rad legen und miteinander verdrehen.
Das lange Drahtende durch das Vorderrad und zurück zur Achse führen; dann um die Achse winden. Der Abstand zwischen den Rädern soll etwa 2 cm betragen.
Den Draht schräg nach oben über das Hinterrad biegen (Sattel).
In Höhe der Radmitte knicken, nach vorne führen (Mittelstange); erneut knicken und gerade nach unten um die Achse biegen.
Von dort wieder senkrecht nach oben gehen (Lenkstange).
Das Drahtende so knicken, daß ein Lenker entsteht.

Figuren: Biegeplüschdraht entsprechend den Zeichnungen zu einem Männchen biegen.
Einen Filzrest von 2,5 x 5 cm in der Mitte einschneiden und als Hemdchen über den Hals legen. Mit einem Faden die Taille abbinden. Eine Wattekugel als Haare aufkleben und mit Filzstift ein Gesicht aufzeichnen.

Ich bin ein Brummi

ZIEL DER SPIELE

Mit Hilfe von Automasken lernen die Kinder, daß Auto- oder Lastwagenfahrer ein eingeschränktes Blickfeld haben.
Im Spiel erfahren die Kinder außerdem, daß sich neben der Sicht auch die Geschwindigkeit auf die Reaktion im Straßenverkehr auswirkt. Und daß es immer wichtig ist, aufmerksam zu sein, vorauszuschauen und auf die anderen zu achten.

MITSPIELER

kleinere oder größere Gruppen von Kindern ab 4 Jahren

SPIELMATERIAL

Automasken s.u.; Ball bzw. Parcours; evtl. Tamburin o.ä.

HINWEIS

Die Spiele können in einem größeren Raum oder im Freien gespielt werden.

Spielvorschläge

1. Die Kinder tragen Automasken und gehen mit etwa 1 m Abstand hintereinander im Kreis. Das Tempo kann durch ein Tamburin vorgegeben werden.
Ein anderes Kind steht in der Mitte (evtl. mit verbundenen Augen).
Mit dem Ruf „Der Ball kommt" rollt es den Ball aus dem Kreis hinaus.
Dabei darf keines der „Autos" den Ball berühren oder überfahren. Je nachdem wo er durchrollt, muß das dortige Auto stehenbleiben – und damit auch das nachfolgende …
Wer den Ball berührt oder zu spät bremst und auffährt, scheidet aus (oder tauscht seinen Platz mit dem Kind im Kreis).
Variante: Gespielt wird wie oben. Jeweils zwei der Kinder, die im Kreis gehen, fassen sich an den Schultern. Sie sind nun ein Lastwagen.

2. Die Kinder haben Automasken auf und gehen zum Takt von Musik oder rhythmischen Klanggesten langsamer oder schneller durch den Raum, ohne die anderen zu berühren.

3. Die Kinder tragen wiederum Automasken und gehen oder laufen einen Parcours mit Hindernissen.
Höhe und Breite des Parcours können auch durch Bänder oder Tücher variiert werden.
Variante: Immer zwei Kinder sind ein Lastwagen. Sie tragen zusammen ein Brett und versuchen, ohne anzustoßen, einen Parcours mit engen Kurven zu gehen.

Und so wird's gemacht

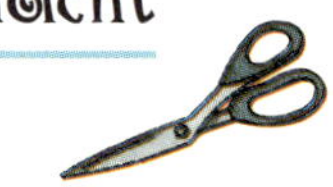

BASTELMATERIAL

große Papiertragetaschen; Packpapier; Fotokarton und Tonpapier in verschiedenen Farben; Filzstift in Schwarz; Klebstoff; Schere

VORLAGEN

Siehe Seite 108: Pkw 157a – 157e; Lkw 158a – 158f

BASTELANLEITUNG

Zunächst die Griffe der Tragetaschen entfernen und die Taschen eventuell kürzen: Gesamthöhe für einen Pkw etwa 30 cm, für einen Lkw 42 cm.
Die Tüten ringsherum mit Packpapier bekleben. Dadurch werden sie fester.
Damit sie gut auf den Schultern sitzen, seitlich ein leichtes Oval herausschneiden.
Die Tüte aufsetzen, um die Höhe des Fensters zu bestimmen. Dieses dann entsprechend ausschneiden (13 x 3,5 cm).
Die größeren Wagenteile aus Fotokarton, die kleineren aus Tonpapier ausschneiden, aufkleben und mit schwarzem Filzstift ausgestalten.

Brillen: Spielvorschläge und Bastelanleitung Seite 84.

Oilily
tropical
greeting

Siehst du was?

ZIEL DES SPIELES

Mit Brillen aus Transparentpapier (Seite 83), die den Raum scheinbar verdunkeln, erleben die Kinder, wie das Sehen und Erkennen in der Dämmerung und bei Nacht nachlassen. Gleichzeitig erfahren sie, wie wichtig dann Lichtquellen und Geräusche für die Orientierung sind.

Nach dem Spiel findet ein Erfahrungsaustausch statt. Den Kindern soll bewußt werden:

- daß die Sicht bereits bei Dämmerung und schlechtem Wetter eingeschränkt ist;
- daß Fahrzeuge nachts Licht brauchen, damit man sie sieht;
- daß Fußgänger im Dunkeln schlecht zu erkennen sind;
- daß helle Kleidung besser zu sehen ist als dunkle;
- daß man durch das Gehör manche Unsicherheit ausgleichen kann …

MITSPIELER

mindestens 10 Kinder ab 4 Jahren

SPIELMATERIAL

Brillen s.u.; helle Taschenlampen

HINWEIS

Das Spiel kann in einem größeren Raum oder im Freien gespielt werden.

Spielvorschlag

Die Kinder bilden zwei Gruppen. Jede Gruppe sucht sich den Namen einer Wagenart oder einer Automarke aus.

Jeweils ein Spieler erhält eine Taschenlampe und stellt sich damit in etwa 10 m Entfernung vor seiner Gruppe auf.

Die Kinder in den Gruppen bekommen Brillen mit Transparentpapier (in Weiß, Gelb, Rot, Blau).

Auf ein Startzeichen hin setzt sich das erste Kind jeder Gruppe eine Brille auf. Es soll nun „im Dunkeln" auf allen Vieren zu dem Spieler mit der Taschenlampe krabbeln. Dieser ruft gleichzeitig den zuvor ausgemachten Namen, um das Ziel zu verdeutlichen. Sobald ein Kind am Ziel angekommen ist, darf das nächste eine Brille aufziehen und starten.

Alle, die am Ziel sind, können nun gemeinsam den Gruppennamen rufen, um denen, die unterwegs sind, die Orientierung zu erleichtern.

Gespielt wird in mehreren Durchgängen. Die Brillen werden innerhalb der Gruppen ausgetauscht, so daß jedes Kind Erfahrungen mit hellen und mit dunklen Brillen machen kann.

Die schnellste Gruppe gewinnt.

Variante: Die Bewegungsarten können im Lauf eines Spiels geändert werden (rückwärts gehen, auf einem Bein hüpfen …).

Und so wird's gemacht

BASTELMATERIAL

Fotokarton; Transparentpapier in Weiß, Gelb, Rot und Blau; Gummilitze; Verstärkungsringe; Klebstoff; Schere; Locher

VORLAGE

Siehe Seite 108: Brille 159

BASTELANLEITUNG

Den Brillenrahmen aus Fotokarton zuschneiden.

Die vorderen Öffnungen mit Transparentpapier hinterkleben.

Die Bügel nach hinten falten (Markierung).

Die Enden lochen, und die Löcher mit Verstärkungsringen versehen.

Eine Gummilitze (ca. 30 cm) durch die Löcher ziehen und verknoten (evtl. zuvor Maß nehmen).

Nah und fern

ZIEL DER SPIELE

Kinder müssen lernen, Augen und Ohren im Straßenverkehr bewußt einzusetzen. Dabei ist es wichtig, die Entfernung und Geschwindigkeit von Fahrzeugen zu beurteilen. Doch dazu braucht man Erfahrung. Kinder, die diese Erfahrung noch nicht besitzen, sollten zumindest wissen, daß ein Wagen, der in der Ferne auftaucht, im nächsten Moment bereits dasein kann. Dann wird es ihnen auch möglich sein, Gefahren besser einzuschätzen.

MITSPIELER

Gruppen mit Kindern ab 3 Jahren

SPIELMATERIAL

evtl. Stühle; evtl. Bildkarten mit den verschiedensten Verkehrsteilnehmern (aus Katalogen, Prospekten usw. ausschneiden)

Spielvorschläge

1. Ein Parcours aus Stühlen wird aufgebaut. Auf jedem Stuhl sitzt ein Kind und macht ein bestimmtes Geräusch, das man aus dem Straßenverkehr kennt: Automotor, Martinshorn … Die anderen Kinder gehen einzeln mit verbundenen Augen durch den Parcours. Wer schafft es, ohne anzustoßen?
Entweder werden die Geräusche von den Kindern gleichzeitig gemacht oder immer nur von dem Kind, das im nächsten „Fahrzeug“ sitzt.
Um die Situation zu erschweren, kann ein zusätzliches Geräusch, das nichts mit Verkehr zu tun hat, unterlegt werden.

2. Gebraucht werden Bildkarten mit verschiedenen „Verkehrsteilnehmern“: Fahrrad, Motorrad, Traktor, Pkw, Rennwagen, Lkw, Müllabfuhr, Bus, Bahn, Hubschrauber, Flugzeug, auch Fußgänger, Hund, Katze, Vogel …

- Ein Kind zieht mit geschlossenen Augen eine Bildkarte. Die anderen ahmen das dazu passende Geräusch und eventuell auch die Bewegungsart nach. Das Kind, das an der Reihe ist, muß raten. Dann kommt der Nächste dran.
- Ein Kind zieht ein Kärtchen und ahmt selbst den entsprechenden Verkehrsteilnehmer nach. Wer zuerst richtig rät, bekommt die Karte.
- Die Karten liegen ausgebreitet vor der Gruppe. Ein Kind macht bestimmte Geräusche und Bewegungen, während es auf die anderen zugeht.
  Wer erkennt, worum es sich handelt, zeigt die passende Karte.
- Ein Kind geht mit einer Bildkarte in der Hand aus einiger Entfernung auf die anderen zu. Wer das Motiv erkennt, macht entsprechende Geräusche und Bewegungen.
  Die Situation läßt sich erschweren, wenn das Bild immer wieder gedreht wird und jeweils nur kurz zu sehen ist.

Verkehrsspiele

ZIEL DER SPIELE

Mit dem vielseitigen Spielmaterial lassen sich die verschiedensten Verkehrssituationen umsetzen: Die Kinder können ihre täglichen Wege „nachgehen" und neue Wege einüben. Sie können unübersichtliche Zonen nachstellen und sich einprägen. Sie können erlebte Situationen nachvollziehen und sich mit fremden Situationen auseinandersetzen.

MITSPIELER

einzelne Kinder ab 4 Jahren oder kleinere Gruppen; evtl. erwachsener Spielleiter

SPIELMATERIAL

Straßen- und Landschaftselemente, Verkehrszeichen und Verkehrsteilnehmer s.u.; evtl. Würfel;
für Spielvorschlag 9: Spielkarten mit Verkehrszeichen

Spielvorschläge

1. Zunächst wird eine Straßenführung aufgebaut. Dann verteilt man Verkehrszeichen an die Kinder. Nacheinander dürfen diese jeweils ein Verkehrszeichen aufstellen. Dabei erklären sie, was das Zeichen bedeutet, und begründen ihre Entscheidung. Gemeinsam wird überlegt, ob das Zeichen gut plaziert ist.
Falsch gedeutete oder falsch eingesetzte Zeichen gehen an das jeweilige Kind zurück. In der nächsten Runde hat es eine neue Chance.
Sind alle Zeichen aufgestellt, können Spiele mit Verkehrsteilnehmern folgen (s.u.).

2. Wieder werden zunächst die Straßenstücke ausgelegt. Die weitere Ausstattung erfolgt im Rahmen eines Würfelspieles. Entsprechend den gewürfelten Punkten dürfen die Kinder ein Spielteil aufstellen:

- 1 Punkt: Teile der Umgebung wie Häuser, Bäume;
- 2 Punkte: Ampeln;
- 3 Punkte: Verkehrszeichen mit Rot;
- 4 Punkte: Verkehrszeichen mit Blau;
- 5 Punkte: Verkehrszeichen mit anderen Farben;
- 6 Punkte: Verkehrsteilnehmer.

Wer ein Element falsch aufstellt, gibt es zurück.

3. Aus dem Würfelspiel kann auch ein Wettspiel werden: Wenn die Straßenführung angelegt ist, bekommt jedes Kind sechs (oder zwölf) verschiedene Spielteile. Je nach Würfelpunkten darf es eines davon aufstellen. Das Teil muß richtig benannt und richtig plaziert werden. Ansonsten geht es an den Spieler zurück. Wer hat zuerst alle Teile untergebracht?

4. Die Straßenführung ist angelegt. Doch gibt es bei Spielbeginn nur wenige oder gar keine Verkehrszeichen.
Zwei bis vier Kinder spielen mit. Jedes sucht sich ein Fahrzeug als Spielfigur aus und plaziert es an einem beliebigen Ausgangspunkt am Rande des Spielfeldes. Das Ziel, das nun festgelegt wird, soll von diesen Punkten etwa gleich weit entfernt sein. Dann wird gewürfelt.

- Bei einer Zwei oder Vier darf der Spieler ein Verkehrszeichen aufstellen. Dabei muß dieses auch benannt werden.
- Bei einer Sechs darf die Farbe einer Ampel geändert oder ein Fußgänger bewegt werden.

Ansonsten rückt jeder Spieler unabhängig von der Punktezahl immer nur bis zum nächsten Verkehrszeichen oder zur nächsten Kreuzung vor. An einer roten Ampel oder einem Zebrastreifen mit Fußgänger muß er stehenbleiben, bis er eine Sechs würfelt.
Wer kommt zuerst ans Ziel?

5. Kinder, die zum Beispiel den gleichen Weg zur Schule oder zum Kindergarten haben, bauen einen entsprechenden Parcours. Mit Spielfiguren gehen sie diesen Weg nach, beschreiben, was sie tun und worauf besonders zu achten ist. Dabei können eigene Erlebnisse eingeflochten oder neue Situationen ausprobiert werden.

6. Bei einem gemeinsamen Spaziergang prägt man sich die Verkehrssituation möglichst genau ein und baut sie dann nach. Auch ruhender Verkehr sollte berücksichtigt werden. Denn er kann den Überblick erheblich beeinträchtigen.
Ein Kind (oder der Spielleiter) erzählt, was es auf diesem Weg schon erlebt hat, oder erfindet eine kleine Geschichte dazu; gleichzeitig spielen die anderen dies nach.

7. Der Spielleiter beginnt, kurze Geschichten zu erzählen. Die Kinder setzen diese währenddessen auf dem Spielfeld um. Sobald eine Situation gefährlich wird oder besondere Aufmerksamkeit erfordert, rufen die Kinder „Stop".
Hier einige Beispiele:

- Kinder spielen auf einem Spielplatz. Auf der gegenüberliegenden Straßenseite sehen sie einen Freund. Sie rufen und winken. Er läuft los, quer über die Straße …
- Kinder spielen Ball. Er rollt auf die Straße. Alle laufen ihm nach …
- Kinder spielen Versteck zwischen Häusern und Bäumen. Ein Mädchen versteckt sich hinter einem Auto …

8. Wenn der Parcours über einen längeren Zeitraum aufgebaut bleibt, sind immer wieder kleine Spiele oder Übungen möglich:

- Jedesmal, wenn ein Kind unterwegs etwas Besonderes erlebt hat, wird dies nachgespielt.
- In größeren Gruppen kann man vereinbaren, daß sich jeden Tag ein paar Kinder eine Geschichte ausdenken. Und zum Abschluß wird sie dann vorgespielt.
- Gespielt wird: Ein Kind hat sich verlaufen und fragt die anderen nach dem Weg …

9. Bei einem Gedächtnisspiel können die Kinder mit den Verkehrszeichen näher vertraut werden. Dazu werden lediglich Kärtchen aus Fotokarton gebraucht (7 x 7 cm, siehe Abbildung), auf denen Verkehrszeichen und Ampeln aufgeklebt sind. Jedes Motiv gibt es in zweifacher Ausführung.
(Motive aus Taschenkalendern, Fahrschulheften o.ä. ausschneiden oder aus Tonpapier fertigen.)
Die Kärtchen werden gemischt und in geordneten Reihen mit dem Bild nach unten aufgelegt. Reihum deckt jedes Kind zwei Karten auf. Nur wenn sie das gleiche Motiv zeigen und das Kind es benennen kann, dürfen sie aufgenommen werden.
Wer hat am Schluß die meisten Karten?

Und so wird's gemacht

BASTELMATERIAL

Filzstifte; Bleistift; Lineal; Klebstoff; Schere
Straßen: Fotokarton in Grau und Dunkelgrün; Klebefolie in Weiß
Verkehrszeichen: Fotokarton und Tonpapier in verschiedenen Farben; Bastel- oder Schaschlikspieße, ca. 10 cm lang; Korkscheiben, 1 cm stark; Lackstift in Weiß
Ampeln: Fotokarton in Schwarz; Tonkarton in Grün, Gelb und Rot; Flaschenkorken; größere Korkscheibe (Sekt), 2 cm stark; Bastel- oder Schaschlikspieß, ca. 8,5 cm lang
Kraftfahrzeuge: Fotokarton und Tonkarton in verschiedenen Farben; Korkscheiben, 1,5 cm stark; Messer
Häuser: kleine Schachteln; Packpapier; Fotokarton in Rot; Tonpapier
Bäume: Zweige; Tannenzapfen; Korkscheiben unterschiedlicher Stärke; Wollreste in Grün

VORLAGEN

Siehe Seite 108: Straßen 160a – 160c; Verkehrszeichen (Bsp.) 161 – 167; Ampel 168; Fahrzeuge 169 – 173

BASTELANLEITUNG

Straßen: Die Teile können je nach Bedarf gefertigt und zusammengebaut werden. Grundmaterial ist grauer Fotokarton, der mit dunkelgrünem Fotokarton (Straßenbelag) beklebt wird. Seitlich entstehen dabei 2 cm breite Fußgängerstreifen. Biegungen nach den Vorlagen arbeiten. Die übrigen Teile haben folgende Maße:

- Straße: 20 x 12 cm in Grau, 20 x 8 cm in Grün;
- Straße mit Fahrradweg: 20 x 15 cm in Grau, 20 x 11 cm in Grün;
- Parkplatz: 20 x 15 cm in Grün;
- Wendeplatte: zirka 21 cm Ø in Grau, 19 cm Ø in Grün;
- Haltebucht: Halbkreis von etwa 20 cm Ø in Grau, von 16 cm Ø in Grün.

Mit schmalen Streifen aus weißer Klebefolie Straßenmarkierungen anlegen. Für die Fahrradwege eine Breite von 1,5 cm vorsehen.

Verkehrszeichen: Die Grundform aus Fotokarton ausschneiden. Die runden und dreieckigen Zeichen haben jeweils die gleichen Maße.
Mit Tonpapier, Filzstiften bzw. weißem Lackstift ausarbeiten.
Neben dem Vorlagenteil kann auch Material, wie es Fahrschulen zur Verfügung stellen, der Orientierung dienen.
Die Zeichen an einen Holzspieß kleben und diesen dann in eine Korkscheibe stecken.

Verkehrsampeln: Ampelkörper gemäß Vorlagen aus schwarzem Karton zuschneiden. Zuerst die längs verlaufenden Kanten falzen, danach die übrigen.
Dann zu einem Quader zusammenkleben.
Bodenplatte aus schwarzem Karton (2,5 x 2,5 cm) unter den Ampelkörper kleben.
In den Ampelkörper wird ein Zylinder gestellt. Dafür ein Rechteck aus schwarzem Karton um einen Flaschenkorken kleben (Höhe 5,5 cm).
Den Zylinder mit 1,5 cm breiten Farbstreifen versehen: Rot 4 cm lang, Gelb und Grün 2,5 cm lang. Die Streifen quer anbringen, und zwar so, daß beim Drehen des Zylinders entweder Rot, Rot/Gelb oder Grün erscheint.
Ein Holzstäbchen durch die Bodenplatte hindurch in den Zylinder stecken. Als Fuß eine Korkscheibe verwenden.

Fußgängerampeln: Entsprechend anfertigen. Der Zylinder hat jedoch nur eine Höhe von 3,5 cm. Beklebt wird er mit einem roten und einem grünen Streifen (Breite 1,5 cm, Länge 2,5 cm). Beim Drehen soll nur eine Farbe zu sehen sein. Auf den roten Streifen ein stehendes Männchen zeichnen, auf den grünen Streifen ein gehendes Männchen.

Kraftfahrzeuge: Die Karosserien aus Fotokarton ausschneiden. Beidseitig mit Tonkarton und schwarzem Filzstift ausgestalten.
Jeweils eine Korkscheibe mit einem Einschnitt von etwa 3 mm versehen und die Fahrzeuge hier festklemmen.

Räder und Radfahrer: Seite 80/81.

Häuser: Schachteln mit Packpapier umkleben (wie ein Päckchen).
Aus rotem Fotokarton Dächer zuschneiden.
Die Giebel falzen. Außerdem an den Längskanten einen Rand von 1 cm falzen.
Die Dächer hier ankleben.
Türen und Fenster aus Tonpapier anbringen.
Die Häuser zuletzt mit Filzstift ausgestalten.

Bäume: Zweige oder Zapfen auf Korkscheiben stecken bzw. kleben.
Mit grüner Wolle lockere Schlingen darumlegen und punktweise festkleben.

STOP
H
H
BUS
P

Verkehrstag

ZIEL DER AKTION

Bei einer kleinen Rallye dürfen die Kinder zunächst mit „richtigen" Fahrzeugen – möglichst mit Rädern – zeigen, was sie bereits über Verkehrsregeln gelernt haben. Und dann kommt der Höhepunkt: Gemeinsam macht man sich auf den Weg und besucht die Feuerwehr oder Polizei. Dabei können die Kinder ihr Wissen über den Straßenverkehr vertiefen und Sicherheit im Verhalten gewinnen. Außerdem bekommen sie einen Einblick in die Arbeit und den Einsatz der Feuerwehr bzw. Polizei.

MITWIRKENDE

Gruppen mit Kindern ab 4 Jahren; mindestens 1 Erwachsener

HINWEISE

Die Rallye zu Beginn der Aktion findet im Freien statt, am besten auf einem Hof. Bei schlechtem Wetter läßt sich die Rallye auch drinnen durchführen. Der Parcours wird verkleinert in einem Raum angelegt. Auf "große" Fahrzeuge verzichtet man. Die erste und zweite Station werden abgewandelt (siehe unten).

VORBEREITUNG

Für den Aktionstag sollte folgendes vorbereitet werden:

- Verkehrspaß für jedes Kind: Einen hellen Fotokarton (A5) mit einem Band zum Umhängen versehen. Auf den Karton kommen der Name des Kindes und ein Raster mit den Nummern der einzelnen Stationen. In dieses Raster werden dann die jeweils erreichten Punkte einzeln eingezeichnet.
- Parcours: Auf einem Hof wird mit Kreide eine Straßenführung entworfen. Mit Schachteln, Stühlen, Tüchern, Bändern kann der Parcours ergänzt werden. Findet die Rallye drinnen statt, wird der Parcours entsprechend reduziert.
- Information der Eltern: Zu der Aktion sollen die Kinder möglichst ein Fahrrad, ansonsten ein Kettcar oder einen Roller mitbringen.
- Wird die Rallye nach drinnen verlegt, richtet man für jedes Kind Stifte und ein kopiertes A4-Blatt mit einem Fahrradgestell; an diesem fehlen Bremsen, Klingel, Vorder- und Rücklicht und Sicherheitsstrahler (Rückstrahler).
- Für jedes Kind ein Verkehrsschild mit einer Anstecknadel (Seite: 87/88): Auswahl siehe 2. Station.
- Automasken: siehe Seite 82/83.
- Einige Handspiegel, eine Stricknadel und für jedes Kind einen aufgeblasenen Luftballon.
- Getränke für die Pause.
- Absprache mit der Polizei oder Feuerwehr: Was können die Kinder bei einem Besuch erleben und erfahren?

Verkehrsrallye

Die Kinder werden über die Regeln der Rallye informiert und bekommen die Verkehrspässe gezeigt. Bei jeder Station kann ein Kind bis zu fünf Punkten erzielen. Mit farbigen Stiften darf es jeden einzelnen Punkt in das Raster seines Passes einmalen. – Während der Rallye bewahrt der Spielleiter die Pässe auf.

1. STATION

Die Kinder kommen mit ihren Fahrrädern (auch Kettcars oder Roller) zu dem Parcours. Sie stehen zunächst auf einem dort eingezeichneten Parkplatz.
Ein „Moderator" (Erwachsener oder Kind) stellt die Kinder mit ihren Fahrzeugen nacheinander vor. Jedes Kind fährt eine Ehrenrunde und weist dann auf Details am Fahrzeug hin, die für die Verkehrssicherheit notwendig sind: Vorder- und Rücklicht, Sicherheitsstrahler, Bremsen, Klingel ... Kennt das Kind fünf wichtige Details, darf es fünf Farbpunkte in seinen Paß malen.
Findet die Rallye drinnen statt, teilt man den Kindern kopierte Blätter mit einem Fahrradgestell aus, an dem sie die fehlenden Teile einzeichnen sollen. Ergänzen sie Bremse, Klingel, Vorder- und Rücklicht und Sicherheitsstrahler richtig, bekommen sie dafür fünf Punkte.

2. STATION

Jedes Kind zieht sich ein Verkehrsschild mit einer Anstecknadel aus einem Kästchen und erklärt die Bedeutung. Das Schild gibt an, welche Aufgaben das Kind mit seinem Fahrzeug erfüllen soll, zum Beispiel: Nach rechts abbiegen. – Halt! Vorfahrt gewähren! – Verbot für alle Fahrzeuge – Verbot der Einfahrt ...
Das Kind fährt los und berücksichtigt dabei die normalen Verkehrsregeln (rechts halten, an Kreuzungen auf Vorfahrt achten). Nach einer Weile gibt der Spielleiter oder ein anderes Kind das Kommando – und bei der nächsten Gelegenheit muß der Fahrer sich gemäß dem gezogenen Schild verhalten und dies auch kommentieren.
Danach fährt er aus dem Parcours heraus und stellt sein Fahrzeug auf dem Parkplatz ab.
War alles in Ordnung, bekommt er fünf Punkte.
Statt richtiger Fahrzeuge kann man bei dieser Station ebenso Automasken (Seite 82/83) verwenden. Dann läßt sich die Aufgabe auch gut in einem Raum durchführen.
Oder man malt bzw. baut eine Straßenführung (Seite 88/89) auf. Jedes Kind zieht fünf Verkehrszeichen, benennt sie und plaziert sie sinnvoll.

3. STATION

Nacheinander setzt jedes Kind eine Automaske (Seite 82/83) auf und geht den Parcours, ohne eine Begrenzungslinie zu übertreten (evtl. Zeitvorgabe).
Wer es schafft, bekommt fünf Punkte.
Für jeden "Fehltritt" wird ein Punkt abgezogen.

4. STATION

Die Kinder sollen eine bestimmte Strecke rückwärts gehen und sich mit Hilfe eines Handspiegels orientieren – so wie sich ein Autofahrer im Rückspiegel orientiert.
Am Ziel versucht das Kind, in den Spiegel schauend, mit einer Stricknadel einen Luftballon hinter seinem Rücken zerplatzen zu lassen.
Gelingt alles, gibt es wieder fünf Punkte.

Pause

Die Kinder bekommen zur Erfrischung Saft oder Früchtetee und eventuell einen kleinen Imbiß gereicht.
Dann werden die Pässe ausgehändigt. Die Kinder können sie vergleichen und ermitteln, wer die meisten Punkte hat.
Nach einer Information über den bevorstehenden Besuch bei der Polizei oder Feuerwehr, machen sich alle auf den Weg.

Bei der Polizei oder der Feuerwehr

Ist der Weg zur Polizei oder Feuerwehr nicht weit, wird man zu Fuß gehen. Unterwegs sollte man ganz bewußt auf Verkehrsregeln und besondere Verkehrssituationen achten und sich „vorbildlich" verhalten.
Eventuell werden Kinder ausgewählt, die der Gruppe vorausgehen, den Weg weisen und auf Verkehrsschilder und etwaige Gefahren aufmerksam machen.
Fährt man mit öffentlichen Verkehrsmitteln, kann der Leiter erklären, was der Fahrzeuglenker tut: Wann er blinkt, wann er Vorfahrt hat, warum er bremst oder hält ...
Bei der Polizei oder Feuerwehr werden die Kinder über den Einsatz der Fahrzeuge informiert und bekommen Gelegenheit, die Fahrzeuge von innen und außen genau zu betrachten. Vielleicht dürfen die Kinder auch sehen und hören, wie Blaulicht und Sirene funktionieren.
Wenn sie in einen Löschwagen einsteigen, können sie erleben, wie sich der Blickwinkel verändert: So ist es für den Fahrer beispielsweise schwer, Kinder zu sehen, die hinter oder neben dem Auto spielen.
Ist die Gruppe nicht zu groß, läßt sich eventuell eine kleine Rundfahrt auf einem freien Platz anschließen, was für die Kinder ein ganz besonderes Erlebnis wäre.

Himmel und Erde

In diesem Kapitel stehen Natur und Umwelt im Mittelpunkt: die Jahreszeiten und der Wandel der Natur über das Jahr hinweg, Bäume, Obst- und Gemüsesorten, Tiere und ihre Lebensräume … Das sinnliche Erlebnis beim Basteln und Spielen, das Beobachten der Umgebung, das Bewegen in der Natur wecken die Neugier der Kinder und regen zum Nachdenken an. Die Kinder beginnen, wichtige Zusammenhänge zu begreifen, und erkennen, daß wir Menschen ein Teil der Natur sind.

Bunte Früchte

ZIEL DER SPIELE

Die Kinder lernen verschiedene Früchtesorten kennen, sie nach ihrem Aussehen und Geschmack zu unterscheiden und zu benennen.
Auch sprachliche Förderung spielt hier eine wichtige Rolle.
Vor Spielbeginn spricht man gemeinsam über die verschiedenen Fruchtsorten.

MITSPIELER

2 bis ca. 6 Kinder ab 4 Jahren

SPIELMATERIAL

Früchtemotive bzw. Kärtchen mit Früchtemotiven s.u.; evtl. Farbwürfel s.u.; evtl. frisches Obst und Schaschlikspieße

HINWEIS

Besonders bei Festen bieten sich Spielvarianten mit echten Früchten an.

Spielvorschläge

1. Die einzelnen Obstmotive (pro Spieler ca. fünf Teile) liegen verstreut auf der Spielfläche.
Die Kinder würfeln reihum mit einem Farbwürfel.
Zeigt der Würfel Rot, sucht sich der Spieler eine rote Frucht aus und sagt zum Beispiel: „Ich mache einen Erdbeerspieß." In der nächsten Runde wird daraus vielleicht ein „Erdbeer-Bananen-Spieß" usw.
Kann ein Spieler sein Obst nicht benennen, muß es zurückgelegt werden. Der nächste kommt dran.
Gibt es keine Frucht mehr in der gewürfelten Farbe, wird der Würfel weitergegeben.
Zeigt der Würfel Weiß, darf man sich eine Frucht in beliebiger Farbe auswählen.
Das Spiel ist beendet, wenn alle Früchte zu Obstspießen „verarbeitet" sind.
Wer hat am Schluß den größten Spieß?

2. Statt eines Würfels lassen sich auch Spielkarten einsetzen: Dazu wird jedes Früchtemotiv mindestens einmal auf eine Karte geklebt. Die Karten werden in Reihen ausgelegt. Daneben kommen die einzelnen Früchtemotive.
Nun decken die Kinder nacheinander eine der Karten kurz auf, nehmen sich dann die entsprechende Einzelfrucht und bauen damit – wie zuvor – einen Obstspieß.

3. Bei beiden Spielen kann man auch „echtes" Obst einsetzen. Hinterher dürfen die Obstspieße dann gegessen werden.

4. Kärtchen mit Früchten eignen sich gut für ein Gedächtnisspiel. Hierbei müssen jeweils zwei Karten dasselbe Obstmotiv zeigen.
Die gemischten Karten liegen in Reihen untereinander.
Jeder Spieler deckt zwei Karten auf. Sind die Motive identisch, dürfen die Karten aufgenommen werden. Ansonsten werden sie wieder umgedreht.
Wer hat am Schluß die meisten Paare?

5. Vor Spielbeginn wird ein Teller mit verschiedenen Früchten „mundgerecht" vorbereitet.
Das Kind, das an der Reihe ist, bekommt die Augen verbunden. Ein anderes steckt ihm eine Frucht in den Mund. Wird diese erraten, gibt es zur Belohnung das entsprechende Obstmotiv zum Sammeln.
Wer hat am Schluß die meisten Motive?

6. Jedes Kind hängt sich eine Motivkarte um, die oben gelocht und mit einem Band versehen ist.
Dabei sollten die verschiedenen Obstsorten mehrfach vertreten sein: zum Beispiel drei Karten mit Äpfeln, zwei mit Birnen …
Die Gruppe sitzt im Stuhlkreis.

Ein Kind geht in die Mitte und kauft ein. Es sagt zum Beispiel: „Ich kaufe auf dem Markt Birnen." Jetzt tauschen die Kinder mit den Birnenkarten ihre Plätze. Gleichzeitig versucht der Käufer, einen ihrer Stühle zu besetzen. Gelingt es ihm, kommt das Kind, das übrigbleibt, in den Kreis … Als Variante können auch mehrere Obstsorten eingekauft werden.

7. Wie zuvor haben sich die Kinder Motivkarten umgehängt. Jede Obstsorte kommt einmal vor.
Die Kinder sitzen im Stuhlkreis. Ein Platz ist frei.
Der Spieler rechts daneben sagt: „Der Korb an meiner Seite ist leer, ich wünsche mir eine Birne her …"
Daraufhin wechselt das Kind mit der Birne seinen Platz …

Und so wird's gemacht

BASTELMATERIAL

Tonpapierreste in verschiedenen Farben; evtl. Karten aus weißem Karton, 9 x 9 cm; Würfel (Holzrohling); Klebepunkte in Rot, Gelb, Weiß, Grün, Blau; Filzstift in Schwarz; Klebstoff; Schere; evtl. Locher und Kordel oder Band (pro Kind 60 bis 70 cm)

VORLAGEN

Siehe Seite 108: Motive 174 – 187

BASTELANLEITUNG

Obstmotive auf Tonpapier übertragen und ausschneiden.
Grünes Blattwerk ankleben. Bei einzelnen Früchten mit schwarzem Filzstift Punkte aufsetzen.
Eventuell die Motive auf weiße Kärtchen aufkleben.

Obst und Gemüse

ZIEL DER SPIELE

Den Kindern wird spielerisch vermittelt, wo Gemüse und Früchte wachsen: ob unter der Erde, direkt auf der Erde oder darüber, zum Beispiel an einem Busch oder Strauch oder Baum …
Nebenbei wird auch freies Sprechen gefördert.
Den Spielen vorausgehen sollte ein Gespräch über die verschiedenen Obst- und Gemüsesorten.

MITSPIELER

Gruppen oder einzelne Kinder ab 5 Jahren; zumindest beim ersten Mal ein Spielleiter

SPIELMATERIAL

Motivkarten s.u.; evtl. Spielfeld s.u.

Spielvorschläge

1. Das Spielfeld wird ausgebreitet.
Die Motivkarten liegen auf einem Stapel. Die Kinder ziehen reihum eine Karte, benennen die Obst- oder Gemüsesorte, die darauf abgebildet ist, und ordnen die Karte auf dem Spielfeld an:

- im braunen Bereich, wenn etwas unter der Erde wächst;
- an der Grenze zwischen braunem und grünem Bereich, wenn etwas direkt am Boden wächst;
- im grünen Bereich, wenn etwas an langen Stielen, an Büschen oder Sträuchern wächst;
- im blauen Bereich, wenn etwas an Bäumen, also in der Luft, wächst.

Kann ein Kind eine Karte nicht zuordnen, wird sie unter den Stapel gelegt; oder die anderen Kinder dürfen bei der Zuordnung helfen.
In ähnlicher Weise kann man auch mit einem einzelnen Kind spielen.

2. Ein Mitspieler nimmt verdeckt eine Karte vom Stapel und beschreibt den anderen die Obst- oder Gemüsesorte (Farbe, Form, Größe, Geschmack, wo sie wächst, was man damit macht ...).
Wer richtig rät, erhält die Karte.
Das Kind mit den meisten Karten ist Sieger.

3. Als weitere Spielmöglichkeiten siehe Seite 94/95: 6. und 7. Spielvorschlag.

Und so wird's gemacht

BASTELMATERIAL

Rauhfasertapete o.ä.; Karten aus weißem Karton, 9 x 9 cm; Reste von Tonpapier und Regenbogenpapier; Filzstift in Schwarz; Wasserfarben in Braun, Grün, Blau, Gelb; Klebstoff; Schere; Pinsel

VORLAGE

Siehe Seite 108: Motive 188 – 201

BASTELANLEITUNG

Rauhfasertapete für das Spielfeld mit Wasserfarben bemalen.
Die einzelnen Motivteile auf Tonpapier übertragen, ausschneiden und auf weiße Karten kleben. Gegebenenfalls mit schwarzem Filzstift ausgestalten.

Blätter und Bäume

ZIEL DER SPIELE

Die Kinder lernen, Bäume und Sträucher anhand von Blättern zu unterscheiden und zu benennen. Die Beobachtungsgabe wird geschult und das Bewußtsein für die Natur gestärkt.

MITSPIELER

2 bis 6 Kinder ab 5 bzw. ab 3 Jahren

SPIELMATERIAL

Spielfeld mit frischen oder gepreßten Blättern und Käfer als Spielfiguren s.u.; Würfel; evtl. Vorrat an weiteren Blättern

HINWEIS

Das Spiel eignet sich auch gut für draußen: Verschiedene Naturmaterialien, die man unterwegs findet, werden auf dem Boden ausgelegt. Als Spielfiguren können Steine oder Tannenzapfen genommen werden.

Spielvorschläge

Entweder spielt man auf einem Spielfeld mit aufgeklebten Blättern. Oder man legt zu Beginn einen beliebigen Blätter-parcours.
Jeder Mitspieler erhält einen Käfer als Spielfigur.

1. Ein Kind nach dem anderen würfelt und läuft je nach Punktezahl mit seinem Käfer auf den Blättern vorwärts. Der Käfer darf aber nur dann auf dem Blatt, auf dem er gelandet ist, bleiben, wenn der Spieler sagen kann, zu welchem Baum es gehört. Sonst muß der Käfer zur letzten Station zurück.
Wer auf ein rotes Ahornblatt (Purpur-fächerahorn) kommt und es benennen kann, darf noch einmal würfeln.
Sieger ist, wer zuerst mit der genauen Würfelzahl im Ziel ankommt.

2. Die Kinder rücken je nach gewürfelter Zahl vorwärts. Können sie das Blatt, auf das ihr Käfer kommt, benennen, dürfen sie sich ein beliebiges Blatt von einem Vorratshaufen nehmen.
Wer am Schluß die meisten Blätter hat, ist „Blätterkönig" oder „Blätterkönigin".
Mit den Blättern können die Kinder dann einzeln kleine Collagen oder gemeinsam eine große Collage machen.

3. Bei kleineren Kindern verzichtet man auf das Benennen der Blätter und führt andere Spielregeln ein: Kommt man auf ein rotes Ahornblatt, darf man zum nächsten roten Blatt vorrücken. – Bei einem Haselnußblatt darf man ein zweites Mal würfeln. – Bei einem Birkenblatt muß man einmal aussetzen.

Und so wird's gemacht

BASTELMATERIAL

Fotokarton als Unterlage; Blätter; Nußschalen für Spielfiguren; Tonpapierreste in Schwarz und Braun; Klebstoff; Schere

VORLAGE

Siehe Seite 108: Käfer 202

BASTELANLEITUNG

Eventuell Blätter zunächst in Katalogen oder Büchern pressen.
Nach Wunsch auf einem großen Bogen Fotokarton anordnen und festkleben.
Käfer aus Nußschalen und Tonpapier in verschiedenen Farben (Unterteile) arbeiten.

Wo lebt der Löwe?

ZIEL DER SPIELE

Die Kinder lernen verschiedene Tiere kennen, erfahren etwas über deren Lebensweise und den Lebensraum. Nach einem gemeinsamen Gespräch ordnen sie im Spiel jedem Tier seinen Lebensraum (Luft, Wasser, Wiese oder Steppe) zu.
Bei diesen Spielen wird zusätzlich freies Sprechen geübt.

MITSPIELER

4 Kinder ab 4 Jahren oder eine größere Gruppe; evtl. 1 Spielleiter

SPIELMATERIAL

Tiere und Lebensraumfelder s.u.;
evtl. Spielkarten, die mit den Farben der Lebensraumfelder versehen sind: Weiß, Blau, Grün, Braun

Spielvorschläge

1. Die Tiere werden aufgestellt. Ein Spieler nimmt ein Tier und zeigt es vor.
Ein anderer beschreibt das Tier, sagt, wie es heißt und ob es in der Luft, im Wasser, auf der Wiese oder in der Steppe lebt.
Dann darf er das Tier auf das entsprechende Feld stellen.
Entweder kommen die Kinder der Reihe nach dran, oder sie melden sich.

2. Die Kinder sitzen vor den Tieren.
Das Kind, das an der Reihe ist, beschreibt eines dieser Tiere: Wie sieht es aus? Wie fühlt es sich an? Was frißt es? Wie lebt es? Wer zuerst weiß, wie das Tier heißt und wo es lebt, darf es dem passenden Feld zuordnen oder, bei einem Wettspiel, zu sich nehmen.

3. Die Kinder sitzen vor den Tieren. Ein Spieler wählt in Gedanken eines der Tiere aus.
Dann stellen die anderen Fragen, die mit ja oder nein beantwortet werden können. Jeder fragt so lange, bis er ein Nein als Antwort bekommt.
Wer das Tier erkennt, darf es entweder in das passende Lebensraumfeld oder zu sich stellen.

4. Vier Kinder wählen sich je ein Lebensraumfeld und setzen sich mit dem Rücken zum Spielleiter. Dieser zieht mit geschlossenen Augen ein Tier aus einer Schachtel, öffnet dann die Augen und beschreibt es. Wird es von den anderen erraten, darf der Spieler, der das passende Lebensraumfeld hat, das Tier dort aufstellen.

5. Je fünf Spielkarten mit weißer, blauer, grüner und brauner Markierung werden gemischt und umgedreht auf der Spielfläche ausgelegt. Die vier Kinder (oder Zweiergruppen), die bei diesem Spiel mitmachen, wählen sich je ein Lebensraumfeld aus. Dann decken sie der Reihe nach eine der Karten auf. Entspricht die Farbe dem Lebensraum, sucht sich das Kind ein passendes Tier aus, nennt dessen Namen und stellt es auf sein Feld. Andernfalls wird die Karte wieder umgedreht.
Gespielt wird, bis alle Tiere ihren Platz gefunden haben.

6. Gespielt wird in einer kleinen Gruppe: Jeder wählt ein Tier aus.
Einer beginnt eine Geschichte zu erzählen; sie handelt von einer Reise, die ein Tier unternimmt und die durch verschiedene Lebensräume führt.
Beispiel: Ein Elefant macht eine Reise. In der Steppe begegnet er einem Zebra. „Willst du mit mir kommen?" fragt er. Und gemeinsam überlegen sie, was sie unternehmen könnten ...

Und so wird's gemacht

BASTELMATERIAL

4 Deckel von Schuhschachteln o.ä.; Seidenpapier in Blau, Grün und Braun; Krepppapier in Weiß; Tonpapier in verschiedenen Farben; Bristolkarton und Tapetenreste in Weiß; Filzstifte in Braun und Schwarz; Malstift in Weiß; Bleistift; Klebstoff; Schere; Locher

VORLAGE

Siehe Seite 108: Tiere 203 – 222

BASTELANLEITUNG

Schuhschachteldeckel mit zerknülltem Seiden- bzw. Kreppapier auslegen; das Papier fest andrücken, dann an den Rändern fixieren.

Die Tiere nach den Vorlagen arbeiten. Folgende Tiere doppelt ausschneiden: Elefant, Ente, Frosch, Giraffe, Hahn, Henne, Igel, Krokodil, Löwe, Schaf, Zebra. Das Papier dabei vor dem Ausschneiden falten und die Schablone mit der markierten Stelle an die Bruchkante legen. Typische Details einzeichnen.

Vier Jahreszeiten

ZIEL DER SPIELE

Die Kinder lernen, die vier Jahreszeiten voneinander abzugrenzen. Sie denken über Veränderungen in der Natur, Unterschiede des Wetters, wichtige Stationen und Ereignisse im Jahreslauf nach und entdecken wesentliche Zusammenhänge. Darüber hinaus lassen sich die Spiele gut zur Förderung des freien Sprechens einsetzen.

MITSPIELER

2, 4 oder 8 Kinder ab 5 Jahren oder eine Kindergruppe und ein Spielleiter

SPIELMATERIAL

Symbolfelder für die Jahreszeiten und je 6 Motivkarten s.u.

Spielvorschläge

1. Spielen zwei Kinder mit, erhält jedes zwei Jahreszeitenfelder. Bei vier Kindern wählt sich jedes ein Jahreszeitenfeld aus. Bei acht Kindern werden vier Gruppen gebildet; jede bekommt ein Feld.
Die Motivkarten liegen umgedreht auf der Spielfläche.
Reihum deckt ein Kind eine Karte auf, zeigt das Motiv und erklärt es. Paßt die Karte zu seinem Jahreszeitenfeld, legt das Kind sie darauf. Andernfalls geht die Karte wieder zurück.
Das Spiel ist beendet, wenn alle Motivkarten auf den Jahreszeitenfeldern liegen.

2. Dieselben Felder und Karten eignen sich auch für ein Gruppenspiel.
Die Jahreszeitenfelder liegen vor der Gruppe.
Der Spielleiter zeigt eine Karte. Wer das Motiv zuerst benennen und zuordnen kann, darf die Karte auf das passende Jahreszeitenfeld legen.

3. Vier Kinder spielen mit. Alle bekommen ein Jahreszeitenfeld. Dann werden die Motivkarten verdeckt ausgeteilt.
Jeder schaut seine Karten an und überlegt, welche zu seinem Jahreszeitenfeld gehören. Eine passende Karte darf er auf das Feld legen.
Anschließend wird reihum gespielt.
Der erste zieht bei seinem Nachbarn eine Karte. Paßt diese oder eine andere seiner Karten, legt er sie auf dem Jahreszeitenfeld ab. Hat er keine geeignete Karte, kommt das nächste Kind dran.
Gespielt wird, bis alle Karten auf den Jahreszeitenfeldern verteilt sind.
Auch hier kann man zur Bedingung machen, daß die Kinder die Motive ihrer Karten erklären.

Und so wird's gemacht

BASTELMATERIAL

Fotokarton (A4) für die Jahreszeitenfelder in Grün, Rot, Hellbraun und Blau;
24 Karten aus weißem Karton (z.B. Bristolkarton), 9 x 9 cm; Tonpapier; Tapetenreste und Karton in Weiß für die Motive; Filzstift in Schwarz; Klebstoff; Schere; Locher

VORLAGE

Siehe Seite 108: Frühling 223 – 229; Sommer 230 – 236; Herbst 237 – 243; Winter 244 – 250

BASTELANLEITUNG

Die Motive für die Jahreszeitenfelder, also Tulpe, Sonne, Apfel und Schneemann, auf Tonpapier bzw. weißen Karton übertragen, ausschneiden und aufkleben.
Die Bilder für die weißen Motivkarten aus Tonpapier oder Tapetenresten ausschneiden, anordnen und aufkleben. Gegebenenfalls mit Locherpunkten und schwarzem Filzstift ausgestalten.

Wir machen eine Rallye

ZIEL DER AKTION

Die Kinder zeigen, was sie bereits über die Natur erfahren haben, und vertiefen ihr Wissen. Sie lernen die Umgebung besser kennen und schulen dabei ihre Wahrnehmung.
Gleichzeitig wird die Grundlage für umweltbewußtes Handeln geschaffen. Darüber hinaus fördert eine Rallye auch den Gemeinschaftssinn. Und sie macht viel Spaß.

MITWIRKENDE

2 Gruppen mit jeweils 4 bis 8 Kindern ab 5 Jahren; in jeder Gruppe sollte 1 Erwachsener oder 1 Kind sein, das lesen kann

HINWEISE

Die Rallye kann beispielsweise durch ein Waldstück, einen Park oder einen großen Garten führen. Um Aufgaben und Stationen festzulegen und auf Besonderheiten einzugehen, wird sich der Leiter und Organisator das Gelände zunächst genau ansehen.
Die Teilnehmer werden dann rechtzeitig über die Rallye, den gemeinsamen Treffpunkt und die Zeit informiert.

Vorbereitung

Für die Rallye gibt es einiges vorzubereiten:

- Rallyeplan: Jede Gruppe braucht einen Rallyeplan. Er zeigt oder beschreibt einen Weg mit verschiedenen Stationen, an denen Aufgaben gelöst werden sollen. Dieser Plan wird auf farbiges A4-Papier kopiert. Beim Start erhält jede Gruppe einen Plan in ihrer Gruppenfarbe ausgehändigt.
Auf dem Plan können auch die Aufgaben vermerkt sein. Spannender ist es, wenn die Teilnehmer numerierte Umschläge erhalten, die sie erst an der jeweiligen Station öffnen dürfen. Oder wenn die Umschläge an den einzelnen Stationen liegen. (Umschläge: siehe 2. Aufgabe.)
- Eventuell für jede Gruppe ein Blatt mit Liedtexten: siehe Start und Abschluß.
- Bastelmaterial für Sonnenschilde: siehe 1. Aufgabe.
- Schachtel mit Briefumschlägen und Symbolkarten (Wetter und Ereignis): siehe 2. Aufgabe.
- Säckchen mit Naturmaterialien und kleinen Haushaltsgegenständen: siehe 4. Aufgabe.
- Abbildungen aus Prospekten, Zeitschriften, Kalendern mit je einer Obstsorte oder Baumart (Anzahl = Kinder einer Gruppe); dazu für jedes Kind ein Blatt Papier (A4) in der Gruppenfarbe: siehe 5. Aufgabe. Die Bilder können mit Wäscheklammern an einer Leine befestigt werden.
- Bunte Kreppapierbänder: 1 Band für jedes Kind, etwa 5 cm breit, 1 m lang.
- Eventuell Orden (zum Umhängen) mit einem Baumsymbol für die Siegergruppe, Orden mit einem Blatt für die anderen.
- Getränke: siehe Erfrischungen.

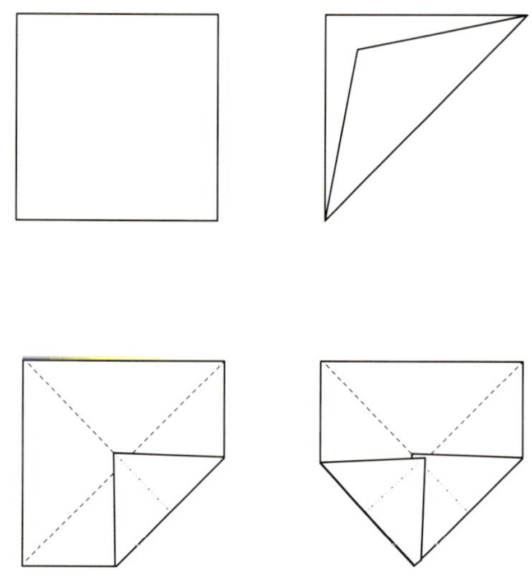

Am Start

Die Aktion kann mit einem gemeinsamen Lied beginnen. Die Melodie wird von dem Lied „Ein Vogel wollte Hochzeit machen“ entlehnt, der Text ist neu (eventuell Textblätter verteilen, die auch auf die Rallye mitgenommen werden können):

Macht mit, der Spaß wird riesengroß,
denn gleich geht unsre Rallye los.
Fideralala ...
Wir laufen schneller als der Wind,
und Rätsel lösen wir geschwind.
Fideralala ...
Ob Blumen gelb, ob rot, ob blau,
die Namen kennen wir genau.
Fideralala ...
Von Birken, Buchen oder Linden
wir die richtigen Blätter finden.
Fideralala ...

Nun erhalten die Teilnehmer genauere Informationen über den Ablauf der Rallye.

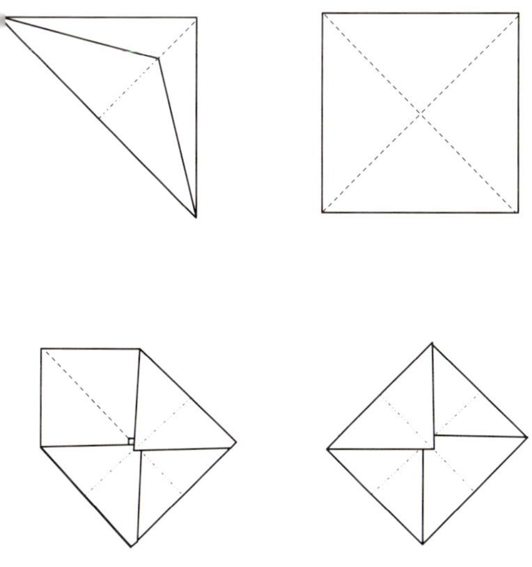

Es werden Gruppen gebildet, die in Abständen von etwa fünf Minuten losgehen und während der ganzen Zeit dann zusammenbleiben.
Jede Gruppe wählt sich eine Gruppenfarbe aus. An dieser Farbe können die einzelnen Gruppen dann zum Beispiel die Umschläge mit ihren Aufgaben erkennen.
Die Teilnehmer erfahren, wie die Stationen auf dem Plan bzw. in der Natur gekennzeichnet sind (durch einen Luftballon, ein Fähnchen, einen Pfeil ...).
Dann beginnen sie mit der ersten Aufgabe.

1. Sonnenschilde

Die Aufgabe lautet: Jeder bastelt sich einen Sonnenschild in der Gruppenfarbe. Die Gruppe, die als erste alle Schilde fertig hat, darf auch als erste ihren Rallyeplan abholen und losgehen.

BASTELMATERIAL

pro Kind: Fotokarton in der Gruppenfarbe, 20 x 23 cm; pro Gruppe: 1 Schablone; Hutgummi (evtl. zugeschnitten); Bleistift; Schere; Locher; Wachsmalstifte

VORLAGEN

Siehe Seite 108: Sonnenschild 251

BASTELANLEITUNG

Die Sonnenschildform mit Hilfe von Schablone und Bleistift auf Fotokarton übertragen, dann ausschneiden. Die Enden 3,5 cm umfalten, dann mit je einem Loch versehen (Locher).
Die Schilde mit Wachsmalstiften bemalen. Hutgummi zunächst an einer Seite festknoten. Am Kopf Maß nehmen, Gummi eventuell entsprechend abschneiden und an der anderen Seite befestigen.

2. Wetterpantomime

In einer Schachtel, die mit Blättern beklebt ist, finden die Kinder je einen Umschlag in ihrer Gruppenfarbe. Er enthält eine Karte mit einem Wettermotiv.
Mögliche Motive sind: Regen – Schirm, Sonne – Eis, Schnee – Schneemann, Regen mit Sonne – Regenbogen, Wind – Drachen.
Die Aufgabe: Überlegt euch gemeinsam, wie sich das Bild auf der Karte pantomimisch (also stumm) darstellen läßt. Am Ziel führt jede Gruppe ihre Pantomime vor. Die anderen Gruppen müssen den richtigen Begriff erraten. Welche Wettermotive passen zusammen (z.B. Regen und Schirm)?

BASTELMATERIAL

Kopierpapier in den Gruppenfarben, 20,5 x 20,5 cm; Karten aus Bristolkarton, 9 x 9 cm; Reste von Tonpapier und weißem Karton; Schachtel; evtl. gepreßte Blätter; Klebstoff; Schere

VORLAGEN

Siehe Seite 108: Motive 233, 249 – 252

BASTELANLEITUNG

Entsprechend den Zeichnungen, pro Gruppe einen Briefumschlag aus farbigem Kopierpapier falten und kleben.
Eine weiße Karte mit einem Wettermotiv aus Tonpapier bekleben und in den Umschlag stecken.
Die Umschläge schließen und in eine Schachtel, die mit gepreßten Blättern beklebt sein kann, legen.

3. Dinge aus der Natur

Die Aufgabe: Jeder sammelt bis zur nächsten Station fünf Dinge aus der Natur, die er benennen kann.

4. Tasten und Erkennen

In einem Säckchen, das gerade so weit geöffnet ist, daß man mit den Fingern hineinfassen kann, befinden sich verschiedene Gegenstände aus der Natur, aber auch andere.
Die Aufgabe: Jeder greift einmal in das Säckchen und versucht, drei (oder fünf) Gegenstände aus der Natur zu ertasten. Merkt euch diese Gegenstände bis zum Ziel.

5. Obst- und Baumformen

An dieser Station liegen oder hängen Abbildungen, die je eine Obst- oder Baumsorte zeigen, außerdem Papier in den Gruppenfarben (für jedes Kind einer Gruppe eine Abbildung und ein Blatt).
Die Aufgabe: Jeder sucht sich ein Bild mit einer Frucht (oder einem Baum) aus, nimmt ein Blatt in seiner Gruppenfarbe und reißt dann die Form der Frucht (oder des Baumes) aus dem Blatt aus.

6. Bunte Bänder

An der sechsten Station hängen Krepppapierbänder in Regenbogenfarben.
Die Aufgabe: Jeder nimmt sich eines der Bänder. Dichtet gemeinsam zwei neue Strophen zu der Melodie von „Ein Vogel wollte Hochzeit machen", und überlegt euch dazu einen Tanz, bei dem ihr die Bänder einsetzt.

Am Ziel

Am Ziel werden die Aufgaben dann ausgewertet und Punkte verteilt:

- Jeder legt die Gegenstände, die er gesammelt hat, vor und benennt sie. Sie können später für Einzel- oder Gruppencollagen verwendet werden.
- Die Naturmaterialien, die zu ertasten waren, werden aus dem Gedächtnis heraus aufgezählt.
- Die aus Papier ausgerissenen Formen werden begutachtet und dann mit Hilfe von Wäscheklammern und einer Schnur zu einer Girlande aufgereiht.
- Wenn alle angekommen sind, führt jede Gruppe ihre Pantomime vor. Die anderen raten, welcher Begriff sich dahinter verbirgt und welche Gruppen zusammengehören.
- Zuletzt zeigen die einzelnen Gruppen ihren Tanz und singen dazu.

Nun wird die Siegergruppe ermittelt und mit Orden belohnt. Auch die anderen Teilnehmer erhalten Orden zum Umhängen.

Zur Erfrischung

Zur Erfrischung gibt es für alle Früchtetee, Früchtebowle oder ein Milchgetränk. Zur Stärkung kann man außerdem Obstsalat, Obstspießchen oder eine Quarkspeise mit frischen Früchten anbieten.

ROTER FRÜCHTETEE

ZUTATEN

auf 1 Liter Wasser: 2 Eßlöffel Früchtetee; 1/2 Liter Himbeer- oder Johannisbeersaft; 1 Zitrone; evtl. frische Pfefferminzblätter; Honig

ZUBEREITUNG

Früchtetee abkühlen lassen und mit Saft mischen.
Zitrone schälen, in Scheiben schneiden und dazugeben.
Nach Belieben mit Honig süßen.
Eventuell Pfefferminzblätter hinzufügen.

FRÜCHTEBOWLE

ZUTATEN

ca. 1 Liter von verschiedenen Fruchtsäften; 1/2 Liter Mineralwasser; 250 g frische Früchte oder Dosenfrüchte

ZUBEREITUNG

Saft und Mineralwasser gut kühlen und mit Früchten mischen. Bei Dosenfrüchten den Saft mit verwenden.
Die Geschmacksrichtung von Saft und Früchten aufeinander abstimmen (z.B. tropischer Früchtesaft und tropischer Früchtecocktail).

FRUCHTMILCH

ZUTATEN

1 Liter Milch; 500 g Früchte (z.B. Erdbeeren oder Bananen)

ZUBEREITUNG

Früchte mit einer Gabel zerdrücken, danach mit der Milch vermengen und mit einem Mixer verrühren.

Zum Abschluß

Beendet wird die Rallye mit einem gemeinsamen Tanz auf die Melodie des Liedes „Ein Vogel wollte Hochzeit machen". Dabei wird gesummt, gepfiffen oder gesungen.
Die Strophen, die vor der Rallye gesungen wurden, können wiederholt und ergänzt werden:

Die Sonne scheint, die Sonne lacht,
und jedem hat es Spaß gemacht.
Fideralala …
Gemeinsam spielen, das ist schön.
Nun wollen wir im Tanz uns drehn.
Fideralala …

Zum Tanz bilden die Kinder einen Außen- und einen Innenkreis (kleinere Gruppen bilden nur einen Kreis). Jedes Kind hält ein Kreppapierband hoch über den Kopf und bewegt es im Rhythmus.

- 1. Strophe: Die Kinder im Außenkreis gehen und hüpfen rechtsherum, im Innenkreis linksherum.
- 2. Strophe: Die Richtung wird geändert.
- 3. Strophe: Alle gehen zur Kreismitte.
- 4. Strophe: Die Kinder gehen in den Außen- und den Innenkreis zurück.
- 5. und 6. Strophe wie 1. und 2. Strophe.

Vorlagen 1 bis 42:
Seite 108 bis 109

Vorlagen 43 bis 81:
Seite 110 bis 113

Vorlagen 82 bis 92:
Seite 112 bis 113

Vorlagen 93 bis 100:
Seite 114 bis 115

Vorlagen 101 bis 122:
Seite 116 bis 117

Vorlagen 123 bis 157:
Seite 118 bis 119

Vorlagen 158 bis 173:
Seite 120 bis 121

Vorlagen 174 bis 223:
Seite 122 bis 123

Vorlagen 224 bis 252:
Seite 124 bis 125

Schnitt
Faltlinie
Klebefläche
Bruch-/Spiegellinie
aufgeklebte Formen

3a
9
3b
33
10
11
34
3c
3d
3e
5
16
17
15
37
3f
23
4a
21
22
26
42
29
27
4b
41
2

69a
43
44
69b (40x)
69c (8x)
45
START
71
70 (24x)
52
53
51
50
(42x)
(42x)
59
60
58
74d (20x)
75
76a (2x)
hier spiegeln
76b (2x)
76c (2x)
64
65
77 (4x)

46
69d (2x)
47
48
69e (3x)
49
54
55
56
57
74a (20x)
74b (2x)
74c (18x)
73 (42x)
61
78 (5x)
78 (5x)
62
63
66
67
79
68

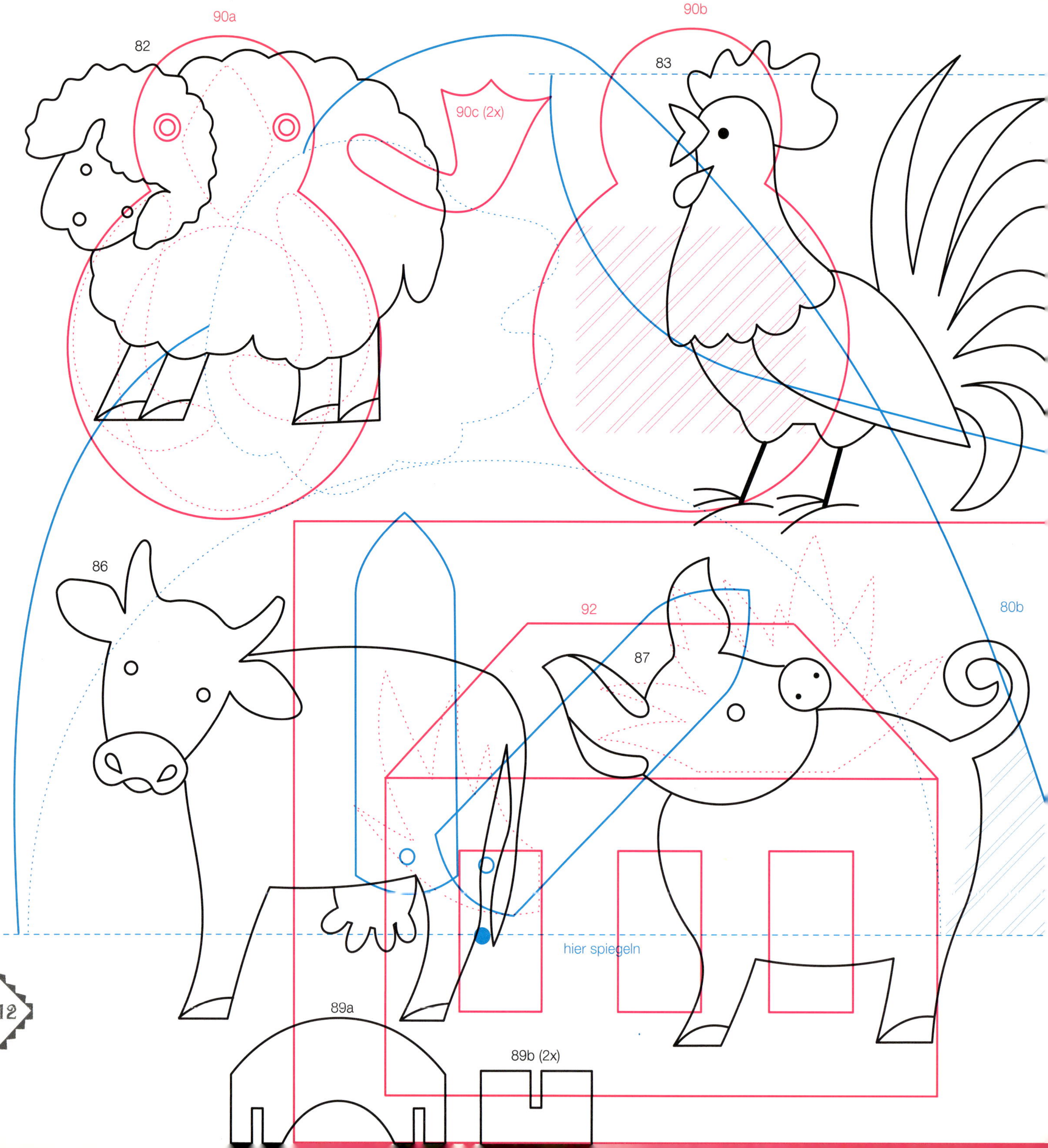
90a
82
90b
83
90c (2x)
86
92
87
80b
hier spiegeln
89a
89b (2x)

hier spiegeln
84
85
(2x)
91
80c
(2x)
88h (2x)
(2x)
88a
88i

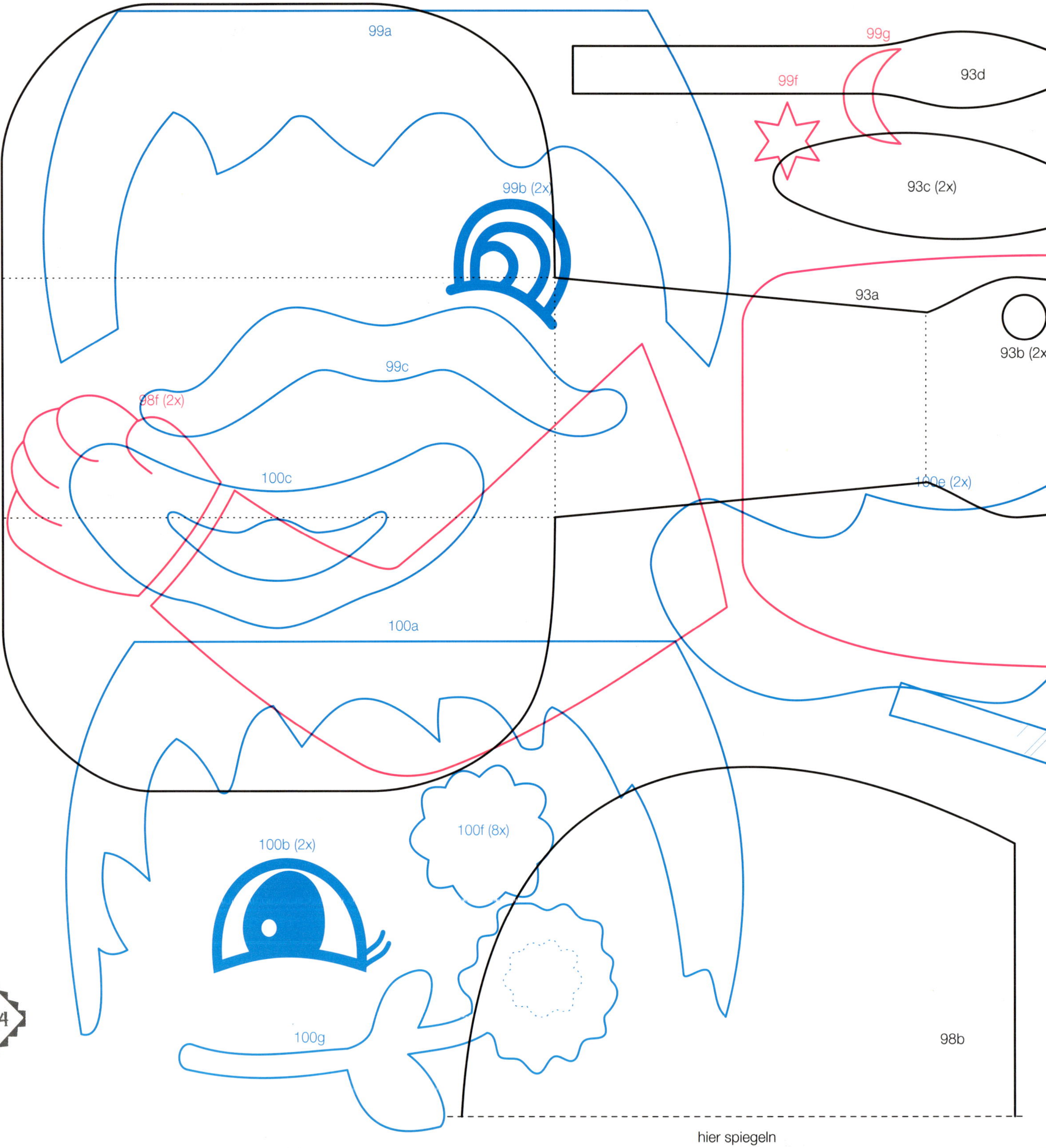
99a
99g
99f
93d
93c (2x)
99b (2x)
93a
93b (2x)
99c
98f (2x)
100c
100e (2x)
100a
100f (8x)
100b (2x)
100g
98b
hier spiegeln

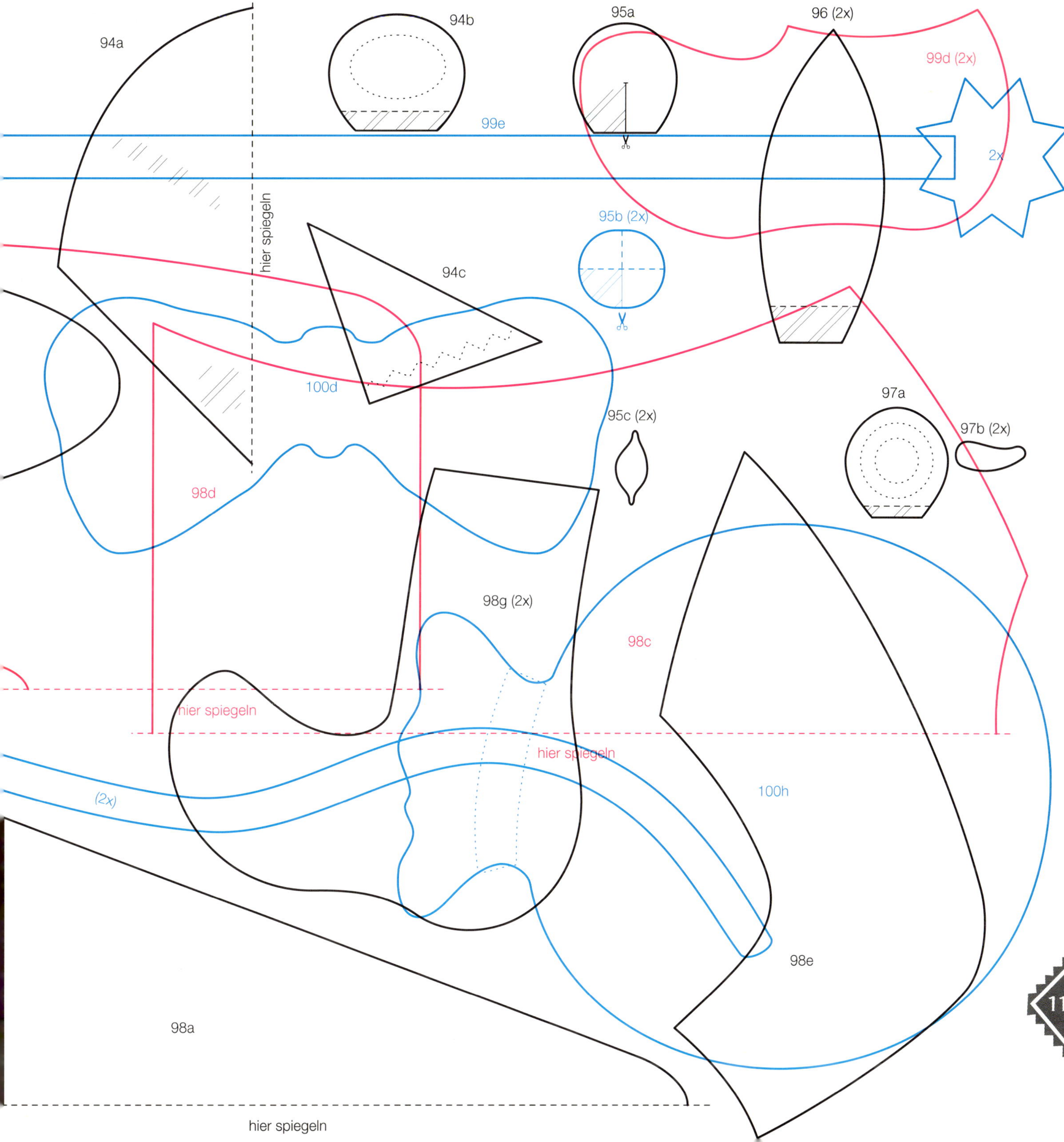
94a
94b
95a
96 (2x)
99d (2x)
99e
2x
hier spiegeln
95b (2x)
94c
100d
95c (2x)
97a
97b (2x)
98d
98g (2x)
98c
hier spiegeln
hier spiegeln
(2x)
100h
98e
98a
hier spiegeln

101b
107a (Deckel/Boden)
108
101a (2x)
101d
101c (2x)
109b (2x: 1x unten einschneiden)
hier spiegeln
111 (2x: 1x oben einschneiden
1x unten einschneiden)
112 (2x: 1x oben einschneiden
1x unten einschneiden)
113 (2x: 1x oben einschneiden
1x unten einschneiden)
114 (3x)
101f
106a (Deckel/Boden)
(3x)
101e (2x)
104b (Deckel)
104a (Unterteil)

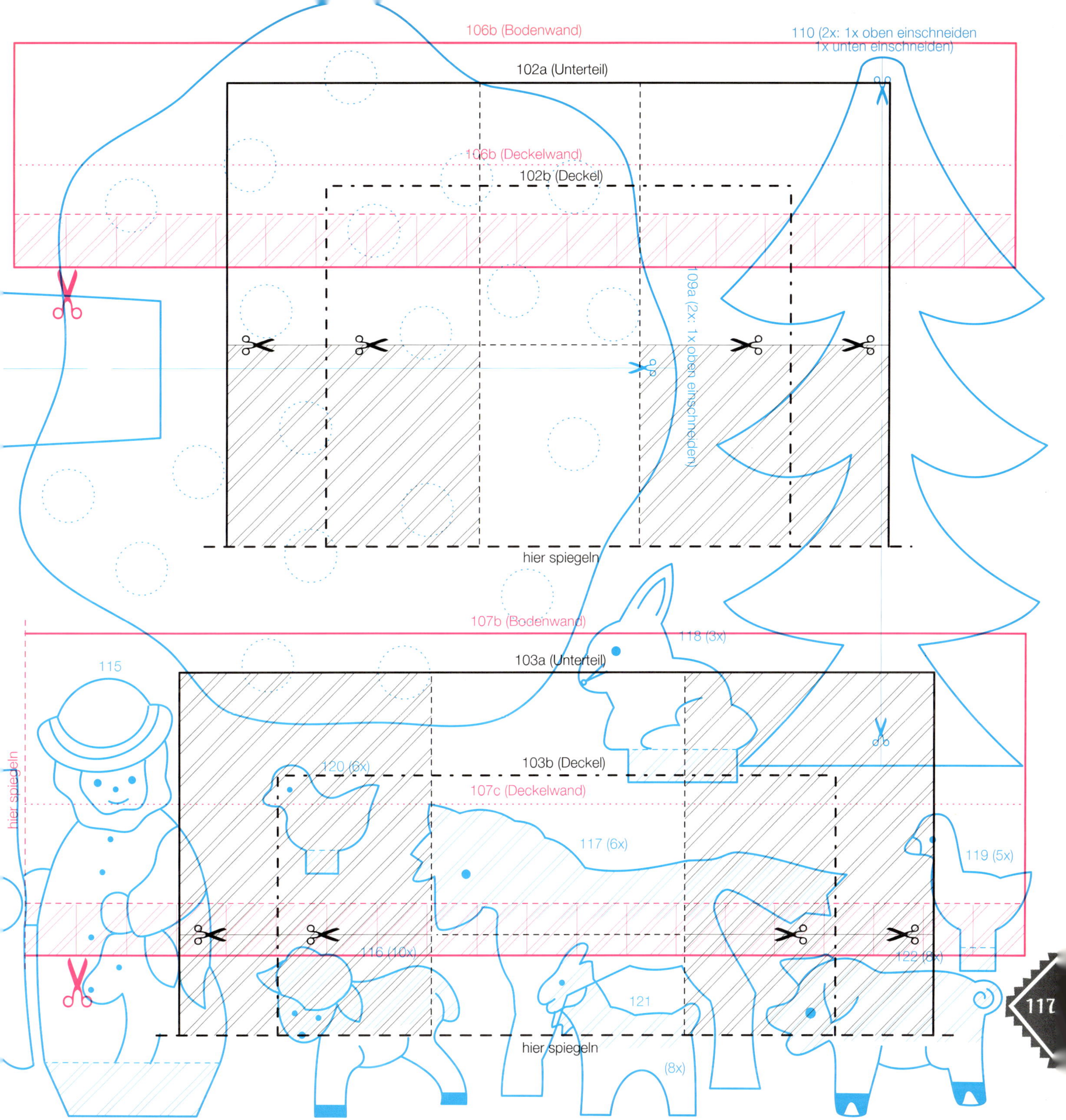
106b (Bodenwand)
110 (2x: 1x oben einschneiden 1x unten einschneiden)
102a (Unterteil)
106b (Deckelwand)
102b (Deckel)
109a (2x: 1x oben einschneiden)
hier spiegeln
107b (Bodenwand)
118 (3x)
103a (Unterteil)
115
103b (Deckel)
120 (6x)
107c (Deckelwand)
hier spiegeln
117 (6x)
119 (5x)
116 (10x)
122 (8x)
121
hier spiegeln
(8x)

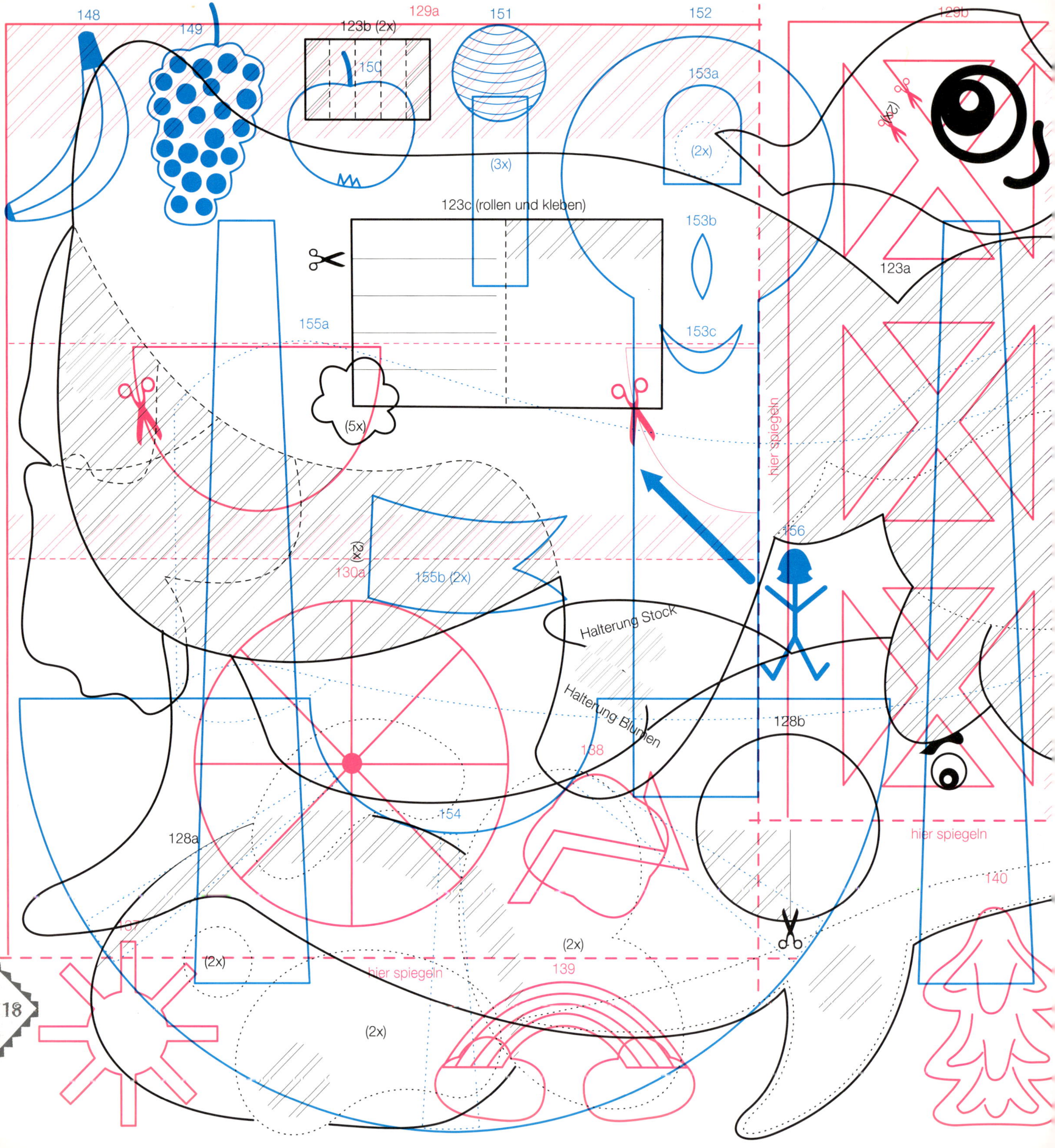
148
149
123b (2x)
129a
151
152
129b
150
153a
(2x)
(3x)
(2x)
123c (rollen und kleben)
153b
155a
153c
(5x)
hier spiegeln
123a
156
(2x)
130a
155b (2x)
Halterung Stock
Halterung Blumen
128b
138
154
128a
hier spiegeln
140
137
(2x)
(2x)
hier spiegeln
139
(2x)

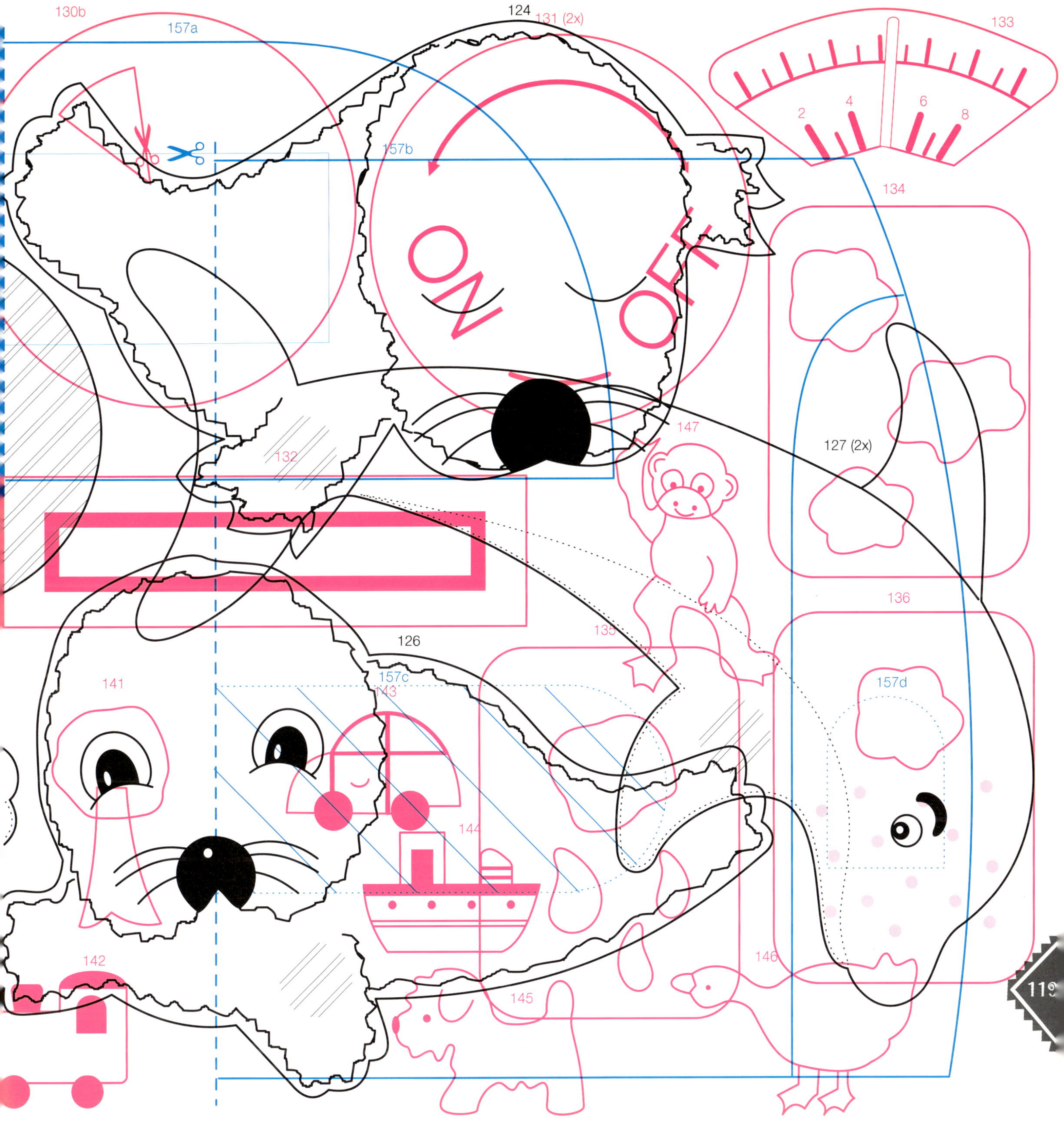
130b
157a
124
131 (2x)
133
2
4
6
8
157b
134
ON
OFF
132
147
127 (2x)
136
135
126
157c
143
141
157d
144
142
145
146

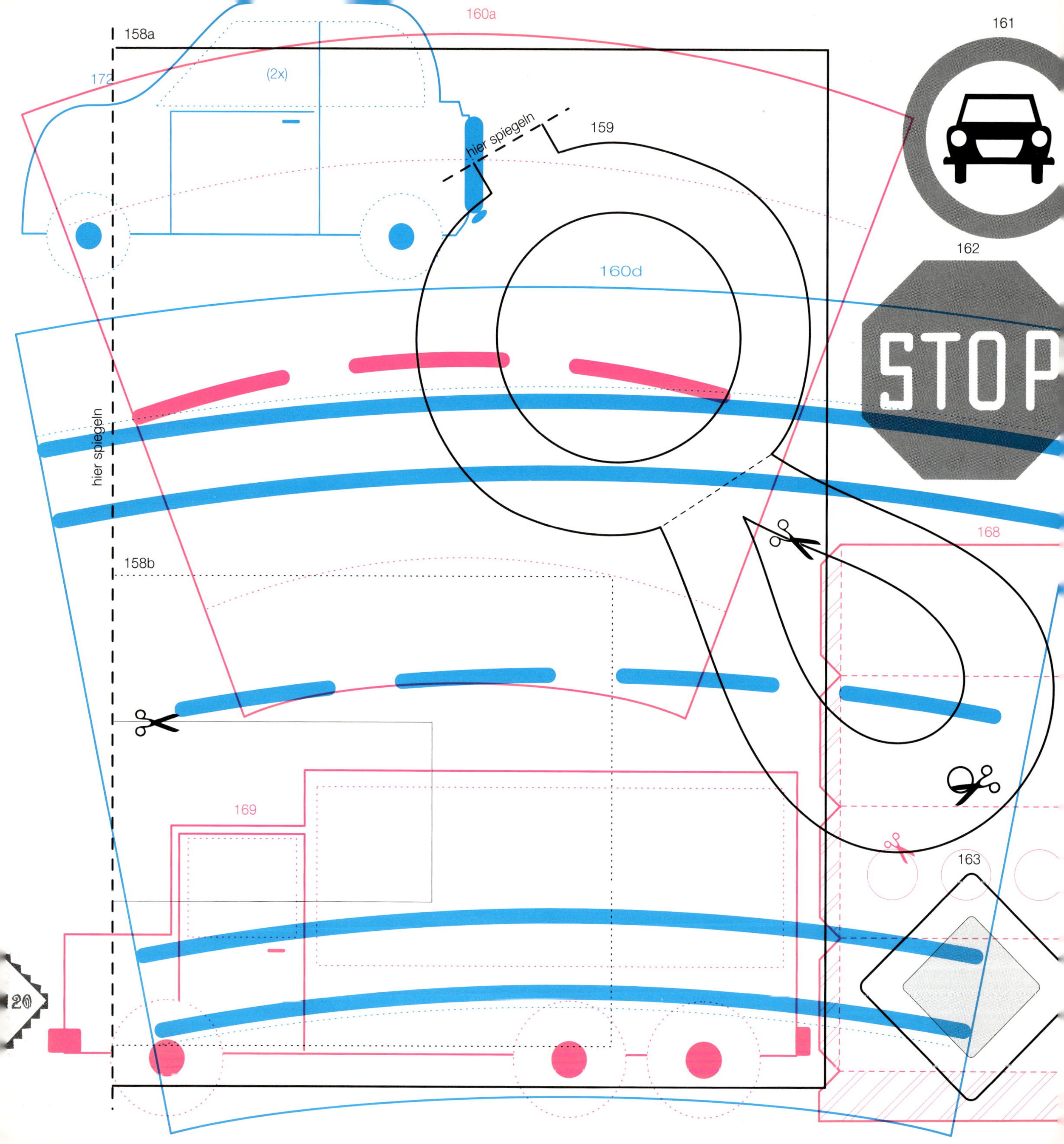
158a
160a
161
172
(2x)
hier spiegeln
159
162
160d
STOP
hier spiegeln
168
158b
169
163

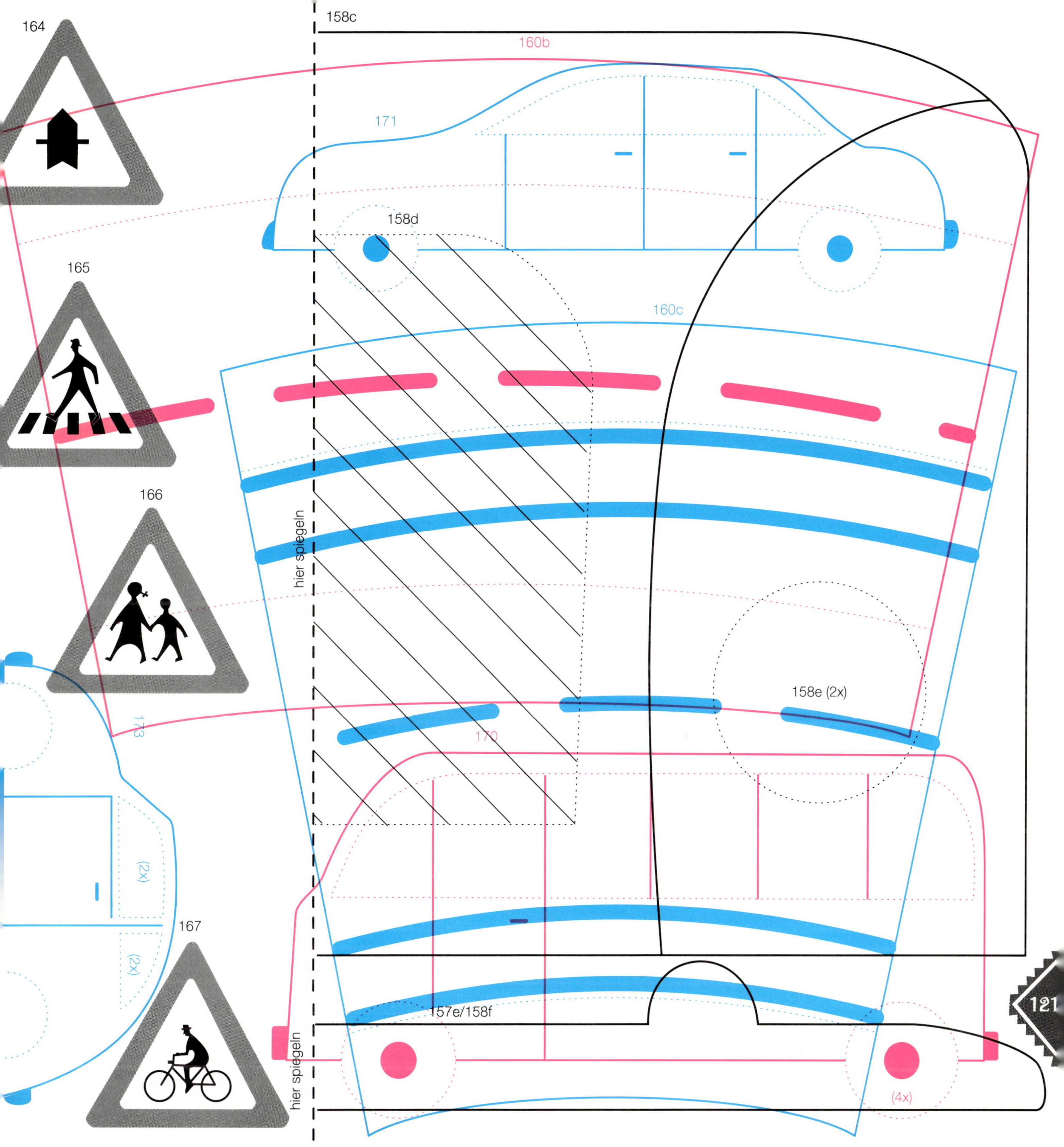
164
158c
160b
171
158d
165
160c
166
hier spiegeln
173
170
158e (2x)
(2x)
(2x)
167
157e/158f
hier spiegeln
(4x)

174
208
175
176
177
178
179
216b/217b
216a
184
209
(2x)
186
193
218
194
192
185
hier spiegeln
219
hier spiegeln
210
199
198
(2x)
(2x)
200
hier spiegeln
202
221
222
220
211
203
(2x)
hier spiegeln

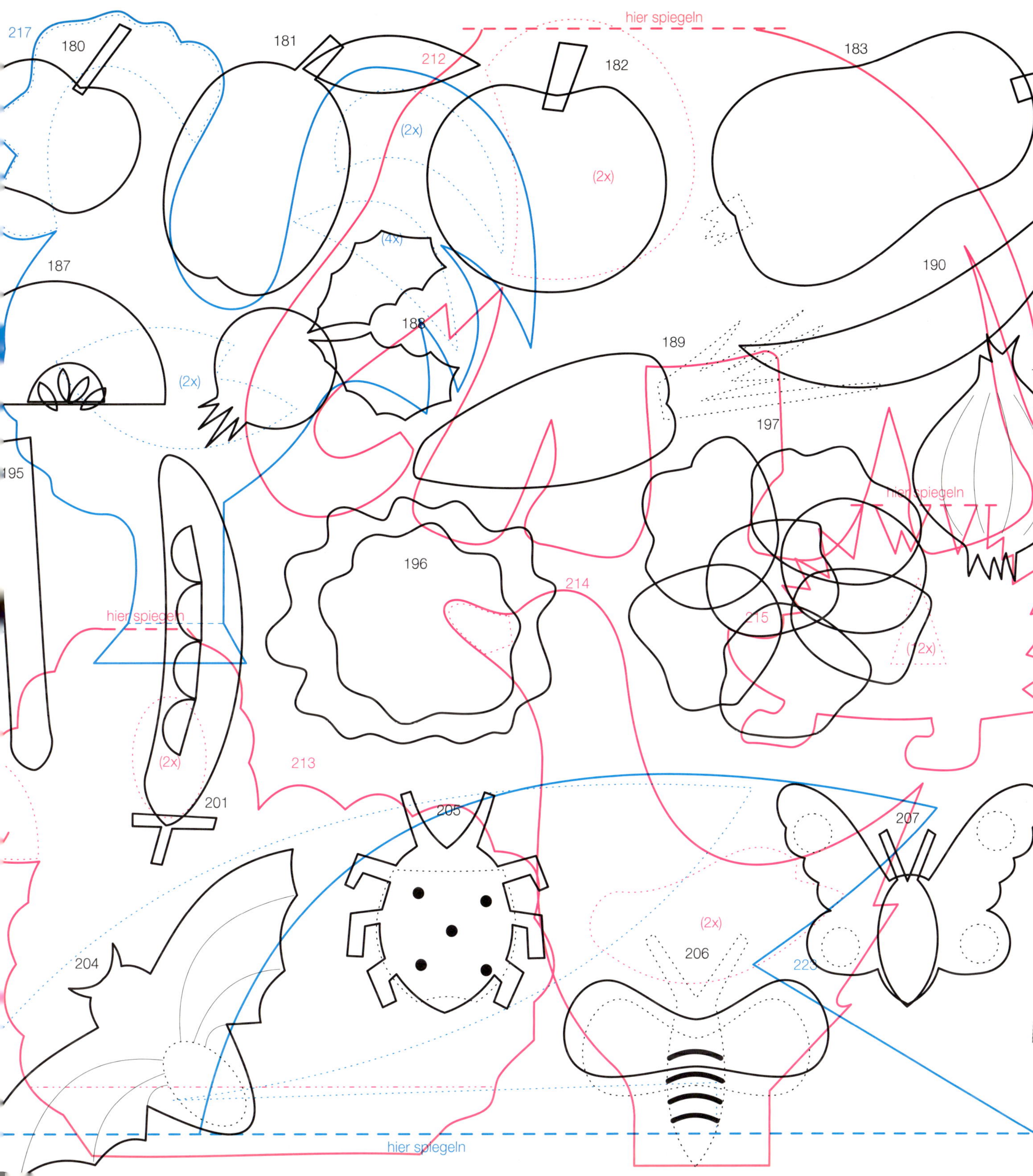
217
180
181
212
hier spiegeln
182
(2x)
(2x)
183
187
(4x)
188
(2x)
190
189
191
197
hier spiegeln
195
196
214
hier spiegeln
215
(12x)
(2x)
213
201
205
207
(2x)
204
206
223
hier spiegeln

224
(3x)
225
226
231
232
227
233
228
240
248
249
250
239
229

235
237
244
236
246
247
234
230
242
243
245
241
251c
251a
251b

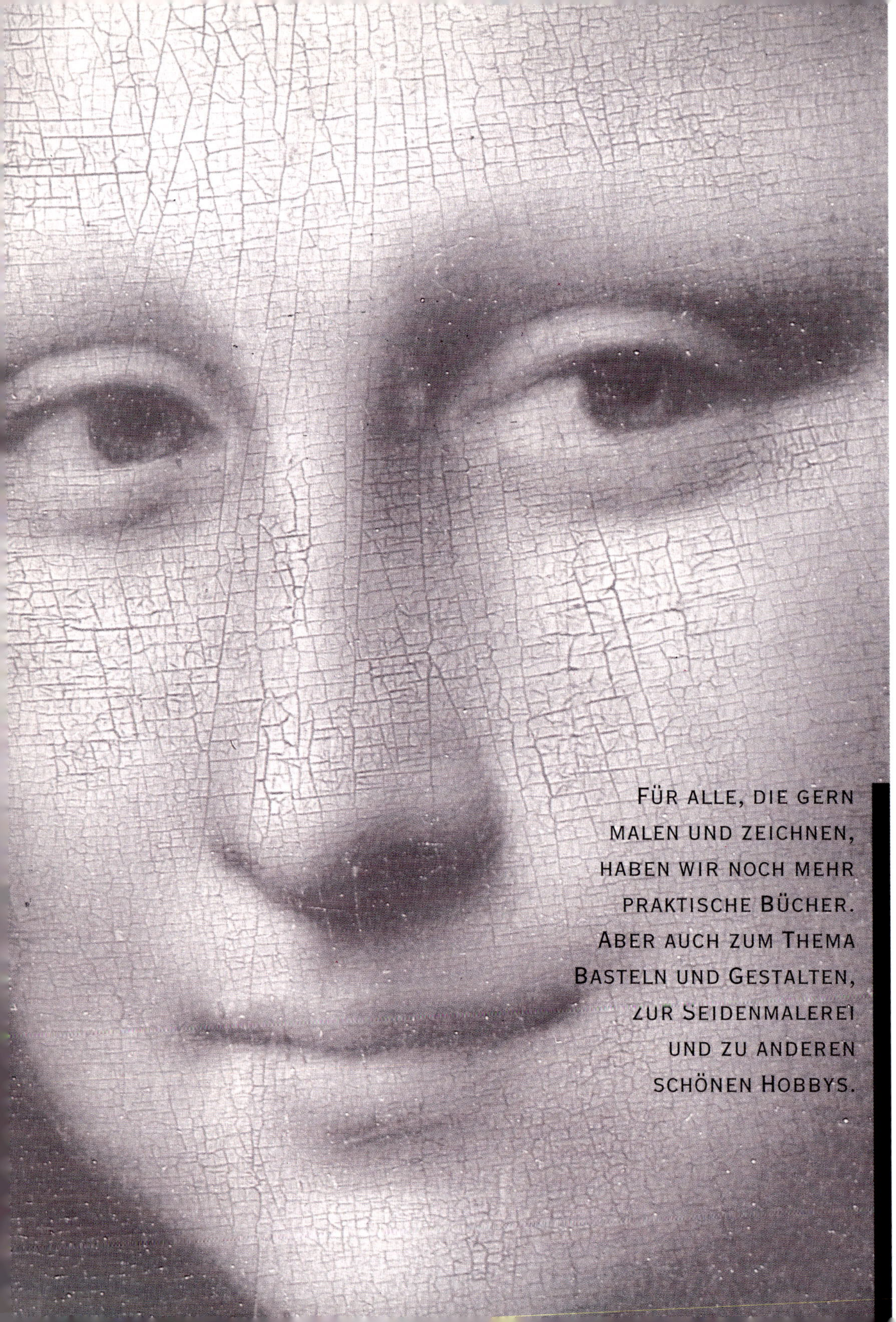

DAS SIND UNSERE BELIEBTEN UND ERFOLGREICHEN REIHEN

BASTEL-, SPIEL & WERKBÜCHER

KUNSTWERKSTATT SEIDE

KLEINE MALSCHULE

KOMPAKTKURSE
MALEN UND ZEICHNEN

SEIDENMALEREI – SO GEHT'S

AQUARELLMALEREI – SO GEHT'S

HOBBY & WERKEN

BRUNNEN-REIHE

EDITION ZWEIGART UND
COATS MEZ EDITION
TEXTILES HANDARBEITEN

Lernen Sie diese Bücher kennen.
So einfach ist es: Schicken Sie eine Postkarte an den

CHRISTOPHORUS-VERLAG,
Hermann-Herder-Str. 4,
D-79104 Freiburg.
Oder rufen Sie uns an:
Telefon: 07 61 / 27 17-268
Fax: 07 61 / 27 17-352

UNSER KATALOG KOMMT POSTWENDEND.

Für Sie sind wir auch da, wenn Sie Fragen an unsere AutorInnen, zu den Anleitungen oder zu den Materialien haben.
Und Ihre eigenen Ideen und Anregungen interessieren uns. Denn wir lernen gerne von unseren LeserInnen. Also schreiben Sie uns bitte.

CHRISTOPHORUS

BÜCHER MIT IDEEN

Textiles Handarbeiten
Unter anderem sind erschienen
- Das Häkel-Buch 1 und 2
- Kreuzstich kreativ
- Das Kreuzstich-Buch 1, 2 und 3
- Das Kreuzstich-Buch Landleben
- Das Kreuzstich-Buch Weihnachten
- Das Hardanger-Buch 1 und 2
- Patchwork
- Weihnachts-Stickerei
- Frühling & Osterzeit
- Blumen und Blüten

Weitere Bände in Vorbereitung

EDITION ZWEIGART & COATS MEZ EDITION

Die Reihe für Einsteiger
- Farbe, Pinsel, Papier
- Grundtechniken
- Kombinierte Techniken
- Zeichentechniken

AQUARELLMALEREI – SO GEHT'S

- Zeichnen
- Aquarell
- Ölmalerei
- Seide
- Kalligraphie

KOMPAKTKURSE

Bisher erschienen:
- Spaß mit Lernspielen
- Wir zeigen Euch ein Weinachtsspiel
- Das Seidenmalbuch
- Auf und ab & hin und her
- Das Mitmachbuch zur Weihnachtszeit
- Kinder machen Theater

BASTEL-, SPIEL-, WERKBÜCHER

Seidenmalerei im Stil von:
- Gustav Klimt
- Roaul Dufy
- Claude Monet
- Joan Miró
- Paul Gaugin
- Vincent van Gogh
- Henri Matisse
- August Macke

KUNSTWERKSTATT SEIDE

Insgesamt über
0 Bände zu den
Themen
- Papier kreativ
- Stoff- und Seidenmalerei
- Teddys, Puppen & Co.
- Schmuck
- Modellieren, Gießen und Gestalten
- Dekorationen

HOBBY & WERKEN

- Das Umwelt-Bastelbuch für Kinder
- Das Fenster-Bilderbuch
- Das Weihnachts-Bastelbuch
- Das Oster-Bastelbuch
- Das Umwelt-Bastelbuch 2

BASTEL-, SPIEL-, WERKBÜCHER
IN ZUSAMMENARBEIT MIT ÖKO-TEST

Die Reihe für Einsteiger
- Aquarelltechnik
- Salztechnik
- Konturentechnik
- Alkoholtechnik
- Farbe auf Seide
- Blumenmotive
- Landschaften

SEIDENMALEREI – SO GEHT'S

KLEINE MALSCHULE 8 Bände

Insgesamt über
180 Bände zu den
Themen
- Papier kreativ
- Stoff- und Seidenmalerei
- Teddys, Puppen & Co.
- Schmuck
- Modellieren, Gießen und Gestalten
- Dekorationen

BRUNNEN-REIHE

Die Autoren

Cornelia Benz lebt zusammen mit ihren zwei Kindern und ihrem Mann in Karlsruhe. Sie ist als Krankengymnastin tätig. Nebenbei beschäftigt sie sich seit vielen Jahren intensiv mit Bastelarbeiten für Kinder. Dazu hat sie im Christophorus-Verlag bereits mehrere Titel veröffentlicht.
Für diesen Band hat sie das Kapitel „Von Kopf bis Fuß“ gemacht.

Irene Fackler – sie lebt mit ihrer Tochter in Freiburg – war nach einer sozialpädagogischen Ausbildung zunächst beim Stadtjugendamt München (Bereich „sozialpädagogische Maßnahmen“) tätig. Mittlerweilen hat sie eine Konditorenlehre abgeschlossen und ist Inhaberin eines Cafés in Freiburg. Seit vielen Jahren engagiert sie sich nebenbei für Jugendarbeit.
Von Irene Fackler, die bereits Bücher für textiles Gestalten veröffentlicht hat, sind das Kapitel „Schau links, schau rechts“ und Anregungen zu den Aktionen der anderen Kapitel.

Ingrid Moras wohnt mit ihrer Familie bei Kaufbeuren. Nach langjähriger Tätigkeit als Lehrerin für Grund- und Hauptschule arbeitet sie nun ausschließlich auf kreativem Gebiet.
Sie hat bereits zahlreiche Bände bei Christophorus herausgebracht.
Von ihr stammt das Kapitel „Ich und du, ihr und wir“.

Ursula Ritter leitet einen Kindergarten in der Nähe von Freiburg. Außerdem gibt sie Kurse für bildhaftes Gestalten und handwerkliche Techniken. Bei Christophorus sind von ihr über dreißig sehr erfolgreiche Bücher zu Bastelthemen erschienen.
Sie hat das Kapitel „Himmel und Erde“ gemacht.

Andrea Seifert leitet einen Kindergarten in der Nähe von Gießen. Lange Zeit war sie nebenbei als Referentin für Kindertagesstätten tätig. Jetzt arbeitet sie verstärkt als Autorin für kreative Themen.
Bei Christophorus hat sie bereits mehrere Bände mit Bastelvorschlägen für Kinder veröffentlicht.
Von Andrea Seifert stammen die Kapitel „Eins, zwei, viele“ und „Erzähl mir was“.

ISBN 3-419-52834-5

2. Auflage 1995

Fotos und Styling: Peter Nielsen, Umkirch
Fotos S. 60, 92: Roland Krieg, Waldkirch
Fotos S. 10, 76: Horst Burggraef, Krummesse
Zeichnungen: Uwe Stohrer, Norsingen
Umschlagfoto: Peter Nielsen, Umkirch
Umschlaggestaltung: Network!, München
Layout und Gesamtproduktion: IMPRESS, München
Herstellung: J.P. Himmer GmbH, Augsburg 1995